현대 직장의 본질과 속성을 분석한 책

나쁜 직장, 좋은 직장 그리고 착한 직장

| **김준성** 연세대직업평론가 著 |

신아사

시작하는 말

직장이란 무엇인가?

나쁜 직장, 좋은 직장, 그리고 착한 직장은 구분이 가능한 일인가. 30년 전부터 이 질문은 나의 내면에 간직된 질문 중의 하나였다.

착한 직장은 돈보다는 인간의 행복을 증진하는데 기여하는 직장이다. 나쁜 직장은 좋은 직장의 반대여건을 지닌 직장이다. 좋은 직장은 행복도 주지만 돈도 잘 벌고, 재무 구조도 균형이 잡힌 직장이다. 나는 이런 생각을 하면서 거리를 거닌다.

나쁜 직장, 좋은 직장, 그리고 착한 직장은 어디서 판가름 나는가도 항상 내가 누군가에게 하고 싶은 질문 중의 하나였다. 혹자는 말한다. 고용 불황의 시대에 직장만 가져도 행복이지 좋은 직장, 나쁜 직장, 착한 직장이 무슨 의미가 있는가 라고…

맞는 말 같지만 수긍하기 힘든 말로 생각한다. 나는 이런 답변에 관하여 견해를 달리해서 이왕이면 좋은 직장, 착한 직장을 갖는 것이 좋다고 생각한다.

나쁜 직장에 다니는 이들은 빨리 좋은 직장으로 전환해야 한다. 상당히 구체화되기까지 오랜 세월이 필요할지도 모르지만 말이다.

내가 직접 32년간 직장생활을 체험하면서 얻은 '현대사회 속에서 직장의 본질과 속성은 무엇인가?'에 대해 지금부터 나는 말하려 한다.

이것은 한마디로 쉽게 표현할 수 있는 문제는 분명 아니다. 그러나 현대 사회 속에서 나쁜 직장이 넘쳐나는 고용 불황기에 이를 제대로 알리는 작업은 의미가 있다고 생각한다.

이런 생각이 스치자 나는 주저하지 않고 메모지와 펜을 들었다. 목차를 정했다. 대강의 목차와 내용구성을…. 어렵게 집필하기 보다는 쉽게 읽을 수 있게 하자.

직장에 취직을 하고 싶은데 자기 인생에 이런 저런 회사들이 무슨 변화를 줄 것인가를 조망하는 수필 같은 책….

그러면서도 정보를 제공하고 그 직장의 철학을 이야기 하는 그런 책 …. 너무 길어도, 너무 학술적이어도 읽는 이에게 도움이 안 될지도 모르지….

초반에는 더러 게으름도 피우곤 했지만 인생과 직장… 이 두 단어는 집필하고 싶은 나의 의욕을 더욱 구미가 당기는 반찬으로 다가오게 했다. 제목이 길어서 '내 인생을 바꿀' 부분은 빼버리고…

이제 여기 여러분에게 <나쁜 직장, 좋은 직장, 그리고 착한 직장>을 선보이게 된 것이다.

현대인들 중에는 직장의 속성이 뭔지도 모르고 직장생활을 시작하는 이들이 많다. 현대의 직장은 한 부분만 보면 '질투'로 시작된다고 봐도 무방하다. 구성원 사이의 질투가 현대 직장의 속성 중의 하나라면 지나친 편견인가? 아니다.

직장은 장밋빛으로 다가오는 경우는 드물다. 모르면 물어야 하고, 먼저 인사를 하면서, 회식에 가서는 상사가 주는 술은 무조건 받아먹어야 하는 그런 곳….

이것만으로 직장의 본질과 속성을 다 안다고 하기에는 직장은 여러 얼굴을 하고 있다. 이 책을 읽기 시작하면서 우리가 기억해야 할 일은 직장의 다른 야누스 같은 얼굴은 변화를 거듭하는 생물 같은 존재라는 점이다.

2010. 9. 1

김준성 연세대 직업평론가

차 례

Chapter 1 나쁜 직장, 좋은 직장, 그리고 착한 직장

Chapter 2 직장 손자병법

Chapter 3 나쁜 직장, 좋은 직장, 그리고 착한 직장 적응을 위한 몇 가지 팁

CHAPTER 01

나쁜 직장,
좋은 직장,
그리고 착한 직장

1 직장의 맨얼굴
2 하루아침에 착한 직장에서 탈락한다
3 차별적 역량을 선호하지 않으면 좋은 직장이 아니다
4 직장은 융합 생물체다

자유롭고 싶다. 사람들로부터 스트레스를 덜 받는 그런 인생을 살고 싶다. 이런 욕망이 유난히 강한 인재가 있다. 이런 스타일의 인재는 바로 당신일 수도 있다. 이런 인재들은 어디에서 일하는 것이 좋은가. 이 질문에 답하기 위해서는 우선 '직장이란 무엇인가?'란 질문에 응답부터 해야 한다.

나쁜 직장, 착한 직장, 좋은 직장은 존재하는가?

나쁜 직장은 경영자가 변화에 적응하는 것을 달갑지 않게 생각하는 직장을 말하는가?

이중장부를 기입하는 그런 직장은 나쁜 직장이다.

벌어서 저축하지 않고, 벌어들인 순익보다 더 많은 지출을 터무니없이 하는 최고경영자가 존재하는 직장은 나쁜 직장이다.

이에 비하여 착한 직장은 무슨 직장인가.

남을 돕는 일을 지속하는 직장은 착한 직장이다. 집이 없는 빈민들에게 집을 지어주는 헤비타트(Habitat) 운동을 지원하는 직장은 착한 직장이다. 유엔과 유엔 산하기구 같이 분쟁을 평화로 만들려고 노력하는 직장은 착한 직장이다. 이처럼 나쁜 직장, 착한 직장의 유형은 개념적으로 다양하다.

나쁜 직장, 좋은 직장의 구성요소

나쁜 직장	좋은 직장	비 고
이중장부 작성을 한다. 부채가 갈수록 많아지는 추세가 지속된다.	세금을 100% 납부한다. 부채를 축소시켜 가는 움직임이 증가하는 중이다.	
아이디어가 고갈된 간부의 증가가 두드러진다. 상사들이 부하직원과 아이디어를 나누려 하지 않는다.	아이디어 유통이 활발하다. 신세대들에게 새로운 비즈니스 아이디어를 구하는 풍토가 커진다.	
이견을 말하기가 어려운 직장의 분위기가 된다.	이견을 자유롭게 말하는 분위기가 조성되면서 자기 일처럼 아이디어를 낸다.	상하간의 소통문화
국내 소비자만 존재하는 제품개발이 대부분이다.	해외, 국내제품 소비자가 존재한다. 국내 경기가 불황이면 해외에 팔 재화와 용역을 개발하고 상품화하는 데 노력을 한다.	
엔지니어들의 잦은 이직이 나타난다. 그 분야 일등 엔지니어들이 경쟁 회사에 이직해 가는 경우가 이어진다.	엔지니어의 이직률 최저 수준을 유지한다. 일등짜리 연구원에게 특별대우를 하면서 회사가 경쟁력을 발휘할 제품개발에 전력을 다한다.	

표에 보는 것 이상으로 많을 것이다.

그렇다면 좋은 직장은 무슨 직장인가?

순익 파생 구조를 자기 직장 내에 주기적으로 지닌 직장은 좋은 직장이다. 바이어와 소비자로부터 평가가 좋은 직장은 좋은 직장이다. 빚이 적고 저축이 빚보다 월등히 많은 직장은 좋은 직장이다. 기술 기반이 좋고 특허를 많이 보유한 직장은 좋다. 현금 흐름이 원활하고 시장에서 약동하는 파워를 지닌 직장이 좋은 직장이다.

더 구체적으로 들어가 보자.

좋은 직장, 나쁜 직장, 착한 직장의 기준은 시대별로 다른가. 아니다. 그것의 본질은 같지만 다소 기준이 달라지기도 한다.

나쁜 직장은 항상 그런가.

아니다. 잘하면 좋은 직장, 착한 직장과 서로 호환이 되는 것이라고 본다.

착한 직장은 무엇인가?

이것은 나에게 던지는 나 스스로의 질문이다.

착한 직장 중에는 개인의 생활 속에서 자유에의 갈구력이 강한 인재에게 적합한 다국적 기업이 많다는 점을 말해 주고 싶다.

어떤 성향의 인재가 구체적으로 어떤 다국적 기업에 입사하는 것이 그 인재가 가진 자질을 최대한 발휘하고 스스로 행복지수를 높이는데 가장 적절한가.

정답을 찾기는 쉽지 않을 것이다. 그렇지만 근접하는 답은 찾아갈 수 있을 것 같다는 생각이 든다. 내가 평생 동안 만나온 직장 조직 사람들을 통해서 분석한 자료를 기초로 하면 말이다.

직장 조직이 우리네 인생에 주는 임팩트, 다시 말해서 영향력 같은 것은 부드러운 어감의 말로 분석하는 작업에 들어가 보자.

우리가 인생길에서 받는 스트레스, 재미, 환상적인 즐거움…. 이것이 일하게 될 직장으로부터 상당 부분 다가오고, 같이 일하는 사람들의 취향으로 부터도 상당부분 오게 되는 상황을 인식하게 될 것이다.

우선 여기서는 몇 개의 회사를 중심으로 직장들이 인생에 주는 임팩트를 중심으로 이야기를 풀어가는 시간을 갖기로 한다.

한국에 진출해서도 비즈니스를 하는 독일의 헤펠레라는 회사로 건너가 보자. 유로화의 영향하에 존재하는 헤펠레는 독일계 회사로서 유럽연합 국가소속이 배경이다. 헤펠레, 유로존의 흐름 속에서 이 직장의 환경을 분석해 보자.

유럽이 배경이 된 직장이라면 당신은 유럽연합의 정체를 파악해야 한다. 그래야 그 직장의 본질 파악에 크게 기여될 수 있을 것이다. 우선 '유럽연합' 태동 배경부터 보기로 하자. 1950년대부터 유럽은 언젠가는 하나의 국가가 되기를 희망한다. 그것은 아마도 2차 대전의 반성에서 유래된 것으로 보인다. 60년간 이 게임은 진행되었다. 드디어 유럽연합은 벨기에 총리를 대통령으로 하고 영국의 여성 좌파 정치인을 유럽연합 외교대표로 해서 정치적인 통합체로 완성된다.

물론 이후에도 유럽연합(EU)은 할 일이 많을 것이다. 당신이 평가하려는 회사가 유럽연합에 본사를 두고 있다면 EU의 본모습을 더 들어가서 봐야 한다. 주변 환경을 말이다. 경제시장 통합 후의 최근 남유럽 국가들이 지닌 과다 재정 지출로 국가부채로 인한 경제적인 역경, 유로화 통합에의 반대 물결, 10개국의 가난한 동부유럽 국가를 유럽연합에 받아들이는 문제로 진통을 겪던 유럽연합은 이제 27개국이 모여서 하나의 블록을 만든다. 이런 가운데 우리가 직장의 본질과 형편을 파악하는 과정에서 흘려보내서는 안되는 하나의 문제가 있다.

그것은 최근 영국과 프랑스 사이의 문제다. 영국과 프랑스, 독일은 사이가 안 좋다. 경제적 이익에서 서로 충돌하는 경우가 많기에 그렇다.

2008년 미국 월가의 금융쇼크를 경험한 영국이 세 국가 중에서 가장 타격이 컸다. 영국은 그것만이 아니다. 두바이에 무려 5백억 달러를 투자해서 고생을 하는 중이다. 이런 여건 속에서 우리가 봐야 할 것은 이것이다. 영국 파운드화가 가장 타격을 많이 받고, 유로화는 미국 금융쇼크로의 타격을 덜 받은 점이다.

여기서 알 수 있는 것은 미래에는 경제 블록하에 존재하는 국가는 외부 충격에 다소 완충장치가 작동하여 충격을 덜 받고, 혼자 가는 국가의 화폐는 충격을 더 받게 된다는 점이다. 그러나 그것도 완전히 맞는 이야기라고 하기에는 유럽 유로화의 약세와 유럽 국가들의 경제 불황의 골이 깊어지는 상황에서는 어렵다. 이런 점들은 하나의 회사를 중심으로 우리가 직장의 본질과 좋은 직장과 나쁜 직장을 판단하는 과정에서 적용하는 것도 그 의미가 있다고 본다.

앞으로 우리는 유럽연합과 더불어서 미국과 국제무역을 강화해가야 한다. 그것은 14조 달러 이상을 년 매출액으로 만들어 내는 시장을 가진 미국보다도 3조 달러 이상이 많은 17조 달러 시장을 지닌 유럽연합은 우리에게 미국 못지않은 큰 시장의 역할을 하는 중이라서 더욱 그렇다. 직장은 본사가 소속된

나라의 정치적 배경, 경제적 환경, 사회·문화적 차이들에 의해서 문화와 직장의 질이 달라지는 경우가 많다.

직장의 징조들

착한 직장으로 가는 징조들	나쁜 직장으로 가는 징조들
공익에 지장을 초래하는 방법으로 비즈니스를 하지 않는다.	공해 물질을 몰래 배출하는 행위를 경영진에서 처음부터 원하지 않는다고 공개적으로 말하지 않는다.
신입 직원이 앉을 자리로 밝은 창가에 책상을 배정한다.	신입직원보다는 상사들이 밝은 창가에 앉는다.
회사 이사의 방이 2평을 넘지 않는다. 현장에서 주로 일하고 책상물림형으로 일하지 않는다.	회사의 이사들은 방의 크기에 대한 허세를 부리는 경우가 많다.

1

직장의 맨얼굴

좋은 직장과 나쁜 직장… 착한 직장…. 이중에서도 좋은 직장을 알려면 직장의 맨 얼굴을 보아야 한다.

직장의 맨 얼굴을 본다는 것은 쉬운 일은 아니다. 직장은 주가에 맨 얼굴이 드러나기도 한다. 상장 기업의 경우 더욱 그렇다. 2009년 11월 27일 두바이가 지불 유예를 대외적으로 발표하자 몇 시간이 지나지 않아서 주가가 유럽, 아시아에서 상당히 하강한다.

이런 흐름은 직장의 맨 얼굴이 주식 가격변동으로 드러나는 현상을 의미한다. 직장의 맨 얼굴은 회사의 주식 가격변동 폭으로 드러난다. 하지만 직장의 맨 얼굴이 주식 가격변동으로만 나타나는 것은 아니다.

상하이에는 삼성 애니콜 스튜디오가 있다. 여기서 일하는 것은 높은 연봉을 받는다는 면에서 한국 청년이면 누구나 서로 근무하고 싶어 한다. 직장으로서 삼성 그룹은 이제 구직자들에게 애호되는 직장이다. 오아시스라는 대형유람선에 삼성전자의 전자제품이

방마다 다 들어가서 설치되는 것을 보면서 삼성의 힘을 생각하게 된다. 세상에는 삼성이란 직장만이 존재하는 것은 아니지만 말이다.

01 착한 직장

환경에 거스르는 오염물질을 강에 버리는 직장은 나쁜 직장이다. 아무리 돈을 많이 줘도 이런 직장은 나쁜 직장이다.

올바른 방법으로 돈을 버는 직장은 착한 직장이다.

개인을 존중하는 직장은 좋은 마음이 흐르는 곳이다라고 주창하고 그것을 보여주는 직장은 착한 직장이다. 마음이 모여서 하나의 직장을 만든다.

그러면서 한편으로는 항상 감시받는 곳이 직장이다. 직장은 호락호락한 곳이 아니다.

세상에는 좋은 직장, 나쁜 직장 함께 공존한다.

이를 테면 이렇다.

"기술이 최고야…". 미국의 듀퐁(Dupont, 1802년 설립)사에서

통하는 말이다. **듀폰**(Dupont), 이 직장은 기술을 아주 중시한다. 동료애가 좋고 개방성과 공정성이 비교적 잘 보장된 **듀폰**은 화학 제품을 만들어서 농업, 건설, 전자, 의류 제품에 들어가게 하는 회사다. 이런 직장은 좋은 직장의 조건을 갖춘 회사임을 기억해 두기 바란다. 기술이 최고라고 생각하면서 기술 개발 인력을 장기적으로 육성하는 조직은 좋은 직장조직인 것이다. 직장을 선택하려는 이들이 기술최고를 지향하면서 기술 연구에 10년 이상 투자할 플랜을 가진 조직을 자신의 직장으로 선택하는 것은 좋은 직장으로 가기 위한 행보임에 틀림이 없다.

일본계 대기업에서는 종신 고용을 한 적도 있지만 이제는 다르다. 복지혜택이 많고 수준이 높다. 이런 일본계 스미토모, 이토후, 미쓰이, 미쓰비시 등의 직장은 생활의 터전을 제대로 제공하는 조직으로서 가치를 발휘하는 중이며, 좋은 복리후생을 그대로 지니고 있다.

앞서 좋은 직장으로 언급된 기술이 최고라고 부르짖는 독일의 직장 '**헤펠레**'에서의 저녁식사를 하고 싶은가. 한번 시도해 보라.

베를린에서 기차로 가면 얼마 안 걸린다. 그곳에 **헤펠레**의 본사와 공장이 있다. 철골 구조물, 가구에 들어가는 정밀 기구를 만들어 낸다. 가구 부속을 만들어 내는 기술을 지닌 회사이다. 자기의 인생에서 뭔가를 발명하기를 즐기는 그런 인생을 희망하는 이들은 **헤펠레**에서 저녁 식사하기를 갈망해 보라. 그렇다고 이 회사가 야근이 많은 회사는 아니다. 이 회사는 업무에서 창의성을 더 많이 요구한다.

'기술은 파워다'라는 메시지를 주는 **헤펠레**는 여러분의 인생에 기술이 최고라는 좋은 메시지를 제공하기 시작할지도 모른다.

경기도 곤지암에 위치한 헤펠레코리아 본사 사옥

'직업을 가지면 전문 기술을 지녀야지. 인문기술, 예체능기술, 과학기술 등 무슨 기술이든 간에 말이야….' 독일인들은 이런 말을 2차 대전 이후에 더 많이 한다. 1990년 독일 통일 이후 경제적인 굴곡도 경험한 독일이지만 지금은 중국 다음으로 파워 있는 국가가 된 것은 바로 기술이 최고라는 메시지가 독일인들 사이에서 항상 일상적으로 주고받는 메시지라서 가능했다고 본다.

좋은 직장 **헤펠레**는 기술은 항상 파워를 지닌다는 독일인들의 메시지가 서린 회사다. 한국의 삼성물산 건설 부문은 헤펠레라는 이 회사의 기술을 아파트에 도입한다. 아파트의 창호 등 다양한 시설에 이 회사의 기술과 가구, 철 구조물의 부품, 설치 노하우 들이 들어간다. **삼성 래미안**은 **헤펠레**의 부속품을 주로 사용한다.

80명 이상의 한국 지사 직원 중에서 6할이 영업직이다. 영업직을 **헤펠레 코리아**에선 서로 희망한다. 책상 물림형으로 일하는 것 보다는 항상 새로운 환경을 만나면서 일하는 것을 희망한다. 활동성이 강한 직장을 원하는 이들에겐 바로 **헤펠레** 영업직은 좋은 커리어 찬스다. 좋은 직장의 내용을 지닌 헤펠레에서의 직장생활은 여러분을 행복하게 만들어 줄 것이다.

영업직을 희망하는 이들은 자기의 인생을 위해서도 **헤펠레**, 이 회사를 지망하는 것이 좋다. 일과 후에 이 회사는 자기 회사 제품에 대하여 공부하는 시간이 주어진다. 학습하는 분위기가 충일한 회사가 바로 헤펠레다. **해펠레**는 클라이언트의 제품 신뢰지수가 높다. **한샘** 등에도 **헤펠레** 부속기술이 들어간다. **헤펠레**는 좋은 직장중의 하나인 바, 쉬지 않고 기술기반을 개발하는 직장이라서 그렇다. 이처럼 좋은 직장은 자체기술을 쉬지 않고 개발하는 의지를 지닌 조직을 말한다.

한국의 고층 건설을 주로 하는 건축회사에서는 이 회사 제품과 기술 자문을 많이 받는다. 4할을 차지하는 한국 지사의 관리직들은 이들 클라이언트의 업무 지원을 한다. 드러난 도전도 존재한다. 한국이 최근에 아파트 미분양이 많아지면서 **헤펠레**는 다소의 영향을 받는 중이다. 적어도 한국에서는 말이다. 그러나 건축물이 많아지는 중인 인도시장에서는 **헤펠레**는 상당히 좋은 직장 여건들이 전개되는 중이다.

학습하기를 즐거워하면서 인생을 만들어 가기를 희망하는 이들은 **헤펠레**에서 커리어를 기획하라. 조명이 좋은 아름다운 라인강을 보면서 **헤펠레**의 교육을 받은 후 본사 직원들과 다정하게 일하고 대화하는 그날이 당신 인생에 다가올 것이다.

기술(技術)이 최고라는 **헤펠레**의 정신은 여러분의 인생에 두고두고 영향을 주게 될 것이다. **헤펠레**에서의 저녁 식사는 '처녀들의 저녁 식사'라는 영화 못지않은 색다른 무드를 주는 시간이 될 것이다.

독일어를 하면서 전기과로 진학하면 이런 회사에서 기술 엔지니어를 하는 기회를 보다 더 가질 수 있을 것이다.

헤펠레 같은 직장은 워낙 기술이 좋은 회사라서 다른 경쟁사들의 진입장벽이 높은 편이다. 단기 기술개발은 경쟁력에 크게 영향을 주는 것에 한계가 있을 지도 모르지만 말이다.

기술을 연구하는데 투자를 지속적으로 하는 최고 경영자를 지닌 회사는 좋은 회사지만 기술을 경시하는 경영자를 지닌 회사는 나쁜 직장이다. 기술력은 기업의 핵심역량이라서 더욱 그렇다.

그러므로 항상 좋은 직장에 가고 싶으면 기술을 대하는 최고 경영자들의 태도를 유심히 바라볼 수 있어야 한다. 기술에 대한 흥미와 욕망이 강한 경영인이 운영하는 직장은 좋은 직장이다.

그러나 지나친 인수 합병이 많아지는 정글의 시대는 경계해야 한다. 너무 무리하게 인수합병을 해서 기업의 크기를 키우려는 욕망이 가득한 경영자들이 의외로 많아지는 정글의 시대가 도래하면 나쁜 직장이 더욱 기승을 부리는 시대로 접어드는 조짐으로 봐도 무방할 것이다.

02 나쁜 직장이 변해 좋은 직장이 되는 길도 있다고?

그렇다.

평가와 학습의지(意志)가 약한 시스템으로 구성된 직장은 나쁜 직장이다. 이런 나쁜 직장도 변하면 좋은 직장이 될 수 있다. 평가는 주관적인 면과 객관적인 면이 동시에 존재한다. 자기의 선입견으로 상대를 평가하는 경우가 많기에 더욱 그렇다.

공정한 평가 제도를 사내에 지닌 조직은 상당히 안정적인 조직으로 전진하고 있는 것이다. 공정한 평가가 존재하는 곳이 좋은 직장이다. 공정하지 못한 평가가 존재하는 곳은 좋은 직장이라고 하기는 힘들다. 공정한 평가가 존재하지 않으면 시스템적으로 운영된다고 하기 어려운 국면이 많아지기에 그렇다.

미국에는 직장생활 컨설턴트라는 직업이 있다. 이 직업에서 일하는 이들은 공정한 평가가 없거나, 평가제도 자체가 존재하지 않는 직장은 나쁜 직장으로 본다.

맞는 말이다.

적절한 평가를 받아야 직장은 자기 학습의지가 생기는 법이다.

좋은 직장은 학습의지가 모인 곳이다. 학습하려는 의지가 없으면 좋은 직장이라고 할 수가 없는 법이다. 직장은 학습의지가 만나는 공간이기에 그렇다. 학습의지가 강하게 만나는 직장일수록 경쟁력이 강한 경우가 많다. 그런 경우가 바로 '**머스크**'라는 덴마크 회사이다. 이 회사는 교육을 중시한다. 해운 회사지만 항상 교육에 대한 투자를 게을리 하지 않는다. 이 부분이 좋은 직장으로 **머스크**를 평가하는 이유가 된다. 직원을 채용한 후 교육받을 기회를 적게 주는 회사는 나쁜 직장이 될 가능성이 아주 높다. 이런 회사는 인재를 키우기 보다는 인재의 체력을 고갈시키면서 재충전의 기회를 안주는 그런 비과학적인 태도를 지닌 막무가내형 트레이너 같은 조직이라고 할 수 있다. 나쁜 직장은 교육이 부족한 직장이다.

머스크 코리아를 방문한 소회(所懷)는 다양하게 내 마음을 파고 들었다. 그것은 교육 프로그램에 대한 브리핑을 받으면서 더욱 강해진 것을 부인하기는 힘들다. **머스크**는 강한 학습의지를 지닌 인재를 선호하는 다국적 회사 중에 하나다.

이런 직장은 새로운 모형의 학교 같다는 생각을 하게 한다.

내 인생에서 지금도 **머스크**는 학습의 중요성을 인식시킨 회사로서 자리하는 직장이다. 물론 선장들, 기관장이 해운회사의 배를 운항한다. 하지만 이들만이 모든 것을 다하는 직업인은 아니다. **쉬핑매니저**는 바다에 배가 항해를 시작하고 그 후에 일어나게 될 모든 일들을 행정적으로 처리해 주는 일을 하는 전문가이다. 이들은 주로 영어를 사용한다. 해상운송에 대한 자질구레한 지식과 최근의 규정에 대한 정보를 알고 있어야 한다. 근래에 들어서 해적들이 바다에서 운항하는 화물선을 공격하는 이런 일이 파생되는 횟수가 늘면서 **쉬핑매니저** Shipping Manager의 할 일은 늘고 있다.

머스크는 남녀 차별 없이 교육에 참가하기를 희망한다. 교육이 회사의 비즈니스 역량을 발전시킨다는 것을 너무나 명확하게 아는 직장이다. 교육은 **머스크**의 미래라는 자부심으로 비즈니스교육을 한다. 그래서 해상운송회사 글로벌 1위를 유지하는 중인지도 모른다.

해운 비즈니스에서 이익을 많이 보는 나라 중의 하나는 이스라엘 자본가들이다. 그들은 자체적인 회사도 지니고 있지만 더러는 간접 투자를 해서 글로벌 해운 시장에서 돈을 벌기도 한다.

'이스라엘 민족의 우수성은 이런 곳에서도 드러난단 말인가?'

이런 생각을 하면서 나는 **머스크 코리아**가 당시 위치한 서울 종로 거리를 걸어갔다. 지금은 강남으로 회사의 인사팀이 이동하였지만 당시는 종로 거리에 위치하고 있었던 것이다.

그렇다면

머스크는 이스라엘 회사인가?

아니다. 덴마크 회사이다. 우리가 2009. 11. 15. 덴마크 축구팀을 상대로 그곳에 가서 우리나라 축구 대표팀이 경기를 한 나라다. 달가스 하면 덴마크가 등장할 정도로 이 나라는 농업도 발달했다. 이 나라는 해양 비즈니스에서 큰돈을 번다. **머스크**가 바로 그런 회사이다. 이 회사의 특징은 교육이 충분히 이뤄지는 그런 직장 문화를 지닌 회사라는 점이다.

민주적이면서 교육을 철저히 시키는 회사로서 일터를 정하면서 여러분의 인생을 만들어 가고 싶다면 **머스크 코리아**를 권하고 싶다. 이 회사를 방문했을 당시, 범선 그림을 보여주면서 이 회사의 교육 프로그램인 'MISE' 프로그램에 대한 설명을 자세히 들을 수 있었다. 각국에서 테스트를 거쳐서 글로벌 인재가 1년에 30~40명이 선발된다. 코펜하겐 교육 센터에 소집교육을 하고 각 나라에서 과제를 수행하면서 근무하다가 다시 소집되어 테스트를 거치고 이런 식으로 직장 내 학습이 재미있게 진행되는 프로그램이다.

이 프로그램을 수료한 인원은 전체 중에서 5%정도 밖에 안 되는 인재라고 한다. 그리고 이들 프로그램을 수료하면, 주요 보직에 임용되어 나라를 바꿔가면서 근무를 하는데 보수는 다른 직원보다는 더 높게 책정 받는다고 한다. 적성 검사와 영어 테스트 등을 거쳐서 이들은 선발되고 한국인의 경우도 선발되지만 우수한 인재들이 이런 MISE 프로그램을 잘 몰라서 응시를 못하고 있다고 말한다.

머스크에서는 금요일마다 자유 복장으로 일한다. 자유로운 분위기를 만들어 내기 위한 연구 결과란다.

"지속적인 학습 없이는 경쟁에서 이기는 인생은 없다. 특히 직장에서의 성패는 지속적인 학습을 하려는 인간의 태도에 달린 것이다"라는 임팩트를 머스크를 방문하면서 내가 절절히 체험한 메시지다.

최근 여성들이 많이 진출하고 있는 추세라는 인사 매니저의 이야기도 인상적으로 다가왔다.

학습의지가 약한 직장은 미래성이 취약해질 수도 있다는 것을 기억하면 좋을 것이다. 기업들은 점차로 새 지식에 대한 학습의지를 강하게 만들어 가야 시장에서 강인한 면을 보일 수 있기에 그렇다.

미국 하버드 대학 출판사에서는 한국의 재벌 회사인 S그룹을 유심히 본다고 한다. 자기출판부에서 새로운 지식이 담긴 논문, 책이 출간되는 시점이 되면 어느 채널로 그 소식을 그 회사가 파악했는지는 몰라도 시중에 책이 출간되기 전에 먼저 몇 권을 사간다고 한다. 그 기업은 1997년 외환 위기에서도, 2008년 미국 월가의 금융쇼크 이후 파생한 글로벌 경제위기 속에서도 슬기롭게 잘 대처하더라는 것이다. 아마도 학습의지가 강한 S그룹의 내재적인 힘, 미래를 바라보는 시각에 우수성이 존재해서 이를 미리 예견하고 대처하는 경영을 한 덕분이라고 생각되는 바가 있다.

개인과 팀이 평가를 받는 곳이 직장이라는 생각을 항상 하라. 그래서 회식자리에는 항상 잘 입고 나타나는 것이 좋다. 직장인들이 성공하는 데는 잘 입는 평소 모습이 필요하기는 하다. 항상 평가가 존재하는 곳이 직장이라서 그러하다.

03 창의력이 고갈된 직장은 좋은 직장이 되지 못한다

직장은 창의력 전쟁터이다. 창의력이 고갈된 상사가 많은 직장은 참 나쁜 직장이다.

창의력을 함양하는데 좋은 여건을 주는 직장은 참 좋은 직장인 셈이다. 미래 세상은 창의력이 모든 비즈니스를 좌우할 것이라서 더욱 그렇다. 좋은 직장을 고르는 방법 중의 하나는 회사가 창의력을 존중하고 창의력을 발휘하는 이들에게 적절한 보상을 적당한 시기에 해주는 조직인가를 보는 것이 필요하다. 창의력 전쟁이 벌어질 곳이 바로 미래 직장의 모습이기에 그렇다. 창의력을 함양하지 못하면 이제 개인도 직장에서 성공하기 힘들어진다. 개인도 행복한 인생길을 가려면 창의력을 함양하는 시간을 갖도록 에너지를 아까워하지 말고 투자해야 한다.

현대의 직장에선 창의력이 부족한 인재는 성공하기 힘든 여건이 전개될 것이다. 갈수록 이런 상황은 심화될 것이다. 모든 직장은 창의력을 보고 인재를 발굴하려고 할 것이다. 창의력으로 무장하지 않고는 미래의 직장에서 경쟁력을 지닌 인재가 되기 어렵다.

창의적인 주제로 이야기를 하고 직장에서 부정적인 시각에 지나치게 경도된 이야기는 하지 말라. 그런 이야기는 곧 직장 내의 소문으로 이어진다는 것을 유념해야 한다. 부정적인 시각에 치우친 이야기를 하기보다는 조금이라도 창의적인 이야기를 하라.

현대의 직장은 한마디로 창의력의 싸움터 같은 곳이라서 그렇다. 그러므로 부정적인 메시지를 주고받는 것보다는 긍정메시지를 교환하면서 창의력을 함양하는데 신경을 기울이는 것이 앞으로 직장생활을 하려는 이들에게는 무엇보다 필요하다.

'**쯔모**'라는 기관에 가라. 거기에서 러시아의 어학, 문화 중심으로 학습하고 러시아 대학에 유학하는 것도 창의력을 함양하는데 도움이 된다. 모스크바 대학, 문학 연관 학과에 가서 러시아 문학을 공부하는 것도 한 방법이다. 이런 곳에서 풍부한 슬라브 민족의 문학을 공부하면 창의력을 지닌 그런 인재로 평가받는 미래를 만들어 갈수 있을 것이다.

세상에서 가장 창의력을 요구하는 조직이 직장이 될 것이다. 그래서 **삼성전자** 같은 직장은 상상력 휴가를 제도화하여 이를 직원들에게 권한다. 2009년에서 2010년에 이르는 과정에서 일인당 10일 정도의 상상력 휴가를 활용할 것을 직원들에게 권하는 회사가 바로 **삼성전자**다. **삼성전자**는 직원들의 상상

력 휴가를 통해서 회사 내에서 아이디어를 많이 생산하기를 원하는 것이다.

개인의 창의력에 바로 보상을 해주는 회사를 글로벌 직업 시장에서 하나 고르라고 한다면 바로 **한국** 3M 같은 직장이다.

한국 3M은 매우 창의적인 직장인가?

그렇다.

매우 창의적인 인재들을 선호하는 경향을 보이는 직장이 바로 이 회사이다.

부자 되고 싶으면 이 회사에 가서 포스트 잇 같은 제품 아이디어를 내라. 그러면 당신은 부자되는 초석을 다지게 될 것이다. 자아가 창의력을 스스로 갖춰야 성공한다는 메시지를 주는 회사이다. 이 회사에서는 창의적인 능력을 강조한다. 모든 직무의 과정에서 창의력 함양을 은연 중 강조되는 것을 알 수 있다.

부자가 되는 것은 편한 인생을 위해서 필요한 목표이다. 하지만 항상 정당하고 깨끗한 과정과 방법으로 부자가 되라.

창의성을 많이 지닌 그런 인재를 선호하는 직장, 3M은 회사 자체도 창세기 프로그램을 두고 직원 모두에게 창의적인 아이디어를 언제든지 회사에 제의하여 상품화하기를 희망한다. 이렇게 만들어진 제품이 순익을 내면 제안자인 직원들은 자기 기존의 연봉은 별도로 받고 창의적 제품을 제안한 대가를 순익 총액의 1%로 받는다. 제안된 제품이 잘 팔리기 시작하면 이런 창의적인 제품 제안 덕에 연봉보다 수입이 이 분야에서 더 많은 직원들도 발생한다.

한국 3M은 그래서 부자가 되어 행복한 인생을 보내려는 직원들에게는 좋은 직장이다. 상품은 지금 6천 가지를 이미 넘어선 회사이다. 여러분이 전자, 전기 전공을 한 사람이라면 **한국** 3M을 직장으로 권하고 싶다. 나주에 공장이 있다.

젊은이들에게 가장 많이 추천한 외국인 회사 중 하나는 **한국** 3M이다. 이 회사는 당시에 서울 여의도에 위치하면서 이력서를 연중 받았다. 제품의 개발 속도와 제품의 평가도 높았다.

"그래…. 인생에서 부자가 되고 싶으면 창의적인 존재가 돼야 해…. 부모가 많은 재산을 만들어 두었다면 문제는 다르지만 말이지…. 부자 인생을 사는 길은 창조적인 능력을 키우고 그것을 재화와 용역의 생산과 연결시켜 가는 것이야.

이런 생각을 현실화 해주는 직장 중의 하나가 바로 3M이야…”

창의적인 이야기를 한다고 수다를 지나치게 떨지는 말라. 직장에서 수다를 지나치게 하면 다른 사람의 눈총을 받는다. 좋은 직장은 수다를 할 시간이 거의 없는 직장인지도 모른다. 좋은 직장은 일할 것이 지속적으로 존재하는 직장이지, 한가해서 수다를 한없이 늘어놓는 그런 곳은 좋은 직장은 아니다.

창의성을 키워주고 격려하면서 그 시기 마다 보상을 해주는 시스템을 유지하는 곳은 좋은 직장에 속한다. 개인의 창의력이 고갈된 직장은 나쁜 직장이다. 이런 직장은 경쟁에서 이기기 힘들다. 같은 분야에서도 마찬가지다. 창의력이 풍부한 개인이 모인 곳은 창의력이 부족한 회사보다 더 많은 수익을 올릴 수 있다.

불황에도 영향받지 않는 직종 베스트

- 코스트 콘트롤러
- 외환 정책 전문가
- 외환 스와프 전문가
- 반도체 기술 영업직
- 해운 회사 직원
- 간호사
- 컴퓨터 시스템 관리자
- 기술 번역인
- 택배 회사 직원
- 음식류 인터넷 쇼핑몰 운영자
- 로펌법률회사의 비서
- 제품 홍보직
- 게임 수출 전문인
- 시장 조사원
- 법정관리 전문 행정가
- 기업 인수합병 전문가
- 사회적 기업 경영인
- 금융 감독행정가
- 대체 에너지 엔지니어
- 파산 전문 변호사
- 회계 감사 전문가
- 외환 및 통화 운영 전략가
- 인생 코치
- 틈새시장 조사원

2

하루아침에
착한 직장에서 탈락한다

직업적으로 성공하려면 직장의 본질을 알아야 한다. 그래야 직장에서 성공하는 태도를 견지할 수 있다. 직장은 다양한 모습으로 개인에게 다가간다. 더러는 자상함으로, 더러는 사나운 얼굴을 하면서 다가오는 것이 직장이다. 속세에는 나쁜 직장과 착한 직장이 혼재되어 존재한다.

미국에서 2009년의 통계를 보면 무려 23%의 매출이 줄어든 자동차 회사 D사가 위기를 맞았다. 이런 위기가 상쇄되는 위기인가.

아니다.

종이 신문을 보라. 광고가 줄어서 위기인가. 그것만이 아니다. 오히려 그런 요인은 적고, 미디어 환경 변화에 대한 적응을 잘 못한 것으로 해서 위기가 종이신문에 온 것이다.

종이 신문기자는 더 이상 높은 보수의 직업이 되기 어려운 세상이 올 것이다.

직장은 흐르는 강물 같은 곳이다. 조용히 흐르지만 강 아래서 치열한 경쟁이 존재하듯이 직장의 내면에는 보이지 않는 질투, 경쟁심, 협조가 어우러지면서 다양한 투쟁이 진행되는 곳이다. 이런 속성을 알고 직장생활을 시작하는 것이 좋다.

흐르는 강물은 부패(腐敗)가 적다.

흘러가지 않는 강물은 부패할 거리가 많지만 흐르는 강물은 적게 부패한다. 직장도 흐르게 하기 위해서 순환근무제도와 감사제도 같은 시스템이 존재하는 것이다. 흐르는 강물은 그것으로 하나의 정화 현상을 도출하는 것이다. 직장도 흘러야 부패가 적다. 흐름을 견지하는 직장은 청결을 유지하는 것이 가능하다. 정보가 흘러가지 않고 고인 직장은 하루아침에 나쁜 직장으로 추락하기도 한다.

하나의 언행이 바로 투영되면서 소문이 만들어지고 그 개인의 이미지 형성의 단초가 되는 곳이 직장이다. 상위 직위를 지향하거나, 직장에서 전문가의 반열에 오르려고 노력하는 사람일수록 이런 구조를 알고 들어가야 한다.

한마디의 말을 하는 순간에 그 내용이 흠이 되지 않게 말하는 법을 알고 시작해야 한다. 그렇게 하지 않으면 신입 직원 시절부터 잠재적인 경쟁자들이 만들어내는 오도된 이미지에 시달릴 개연성이 존재하는 곳이 직장이다. 질투(嫉妬)에 의해서 말이 만들어지는 곳이 현대 직장이기에 더욱 조심해야 한다.

현대의 대부분의 직장은 경쟁이 치열한 곳이다. 서로 간에 치열하게 성과를 내기 위한 경쟁을 하는 곳이 직장이다. 개인 간의 경쟁심으로 더욱 피곤한 곳이 직장인 셈이다. 경쟁을 하면서 오랫동안 흘러가는 강물과 같은 곳이 직장이다. 이런 직장의 특성을 알고 대처해 가야 한다. 경쟁이 치열한 직장이지만 다른 부서의 사람들을 잘 사귀어 두라. 다른 부서의 인맥이 자기에게 필요한 정보를 주는 기회도 생기게 될 것이다. 직장은 정보가 소통하는 곳이라서 항상 자기부서는 물론, 다른 부서의 인맥을 만드는 일을 소홀히 하지 말라.

'**나노 람브디**'라는 회사에서 혁신성과 도전정신으로 자아를 훈련하라. 이런 훈련이 언젠가는 자기를 크게 키우는 바탕이 될 수 있을 것이다. 혁신성은 큰 힘의 씨앗이 되기도 한다.

창의적으로 도전하는 마인드를 가진 인재를 이 회사에서는 좋아한다. 이 직장은 미국 회사로서 진취적인 기상을 인터뷰에서 가장 유의 깊게 본다. 도전정신으로 작은 회사를 크게 키우고 싶다면 바로 이 회사를 지원해서 일하라. 오랜 세월 후에 이 회사가 그렇게 큰 회사가 될 가능성이 높다. 기술 기반이 워낙 좋은 회사라서 그렇다. 센서회사다. 이 회사는 가짜 양주를 찾아내는 일에 도전하는 좋은 직장이다. 물질을 분석하되 센서로 해서 진위를 찾아내는 일을 하는 기술을 만드는 일이 이 회사의 할 일이다. 나노 기술을 응용한 것이다.

이 회사가 좋은 직장인 이유는 그것만이 아니다. 레이저로 인간의 건강 상황을 파악한다. 레이저 기술을 통한 색체 분석으로 이런 일이 가능하다는 점이다. 여기에 착안해서 맨 처음 미국 펜실베니아에서 이 회사가 생긴다. 이 회사는 고객을 무한히 확대하는 일을 도모할 것이다. 가짜 양주가 문제되는 상황이 오면 매출은 더욱 증가할 것이다.

이 직장에서는 IT 소프트웨어 전문인으로 키울 하드웨어를 아는 인재를 원한다. 하드웨어와의 연결 구조를 알고 소프트웨어적인 반도체 공정을 아는 그런 전문인으로 키울 플랜을 지닌 인재 말이다.

스펙트럼 미터 인 칩 Spectrum Meter in Chip 기술을 비즈니스의 원천으로 삼는다. 아직은 적은 회사이지만 한국인을 우대한다. 한국의 반도체기술 수준을 이 회사가 알기에 그렇다.

경력자들은 수시로 채용한다. 반도체 공정에서 3년 이상의 경력을 지닌 이들이 선호된다. 혁신성(革新性)이 있는 도전정신, 이것이 기술력 못지않게 이 회사에서 원하는 인재상이다. 이 회사는 자유롭다. 퍼포먼스만 잘 내면 보수도 올라간다. 당신의 인생을 자유로움으로 채우고 싶은가? 자율권이 많은 이 회사에 진입하라. 자율권이 말단에 적은 직장은 좋은 직장이 아니다. 신입에게 자율권을 많이 주는 직장이 오히려 좋은 직장이다. 자율권을 신입에게 잘 주지 않는 회사는 하루아침에 착한 직장에서 나쁜 직장으로 추락할 가능성이 높다는 경고를 소홀히 하지 말라.

개인의견을 존중하는 착한 직장의 분위기, 이 분위기가 당신의 인생을 자유로운 공기로 바꾸어 가는데 이런 직장이 기여할 것이다. 한국의 반도체 공정 기술을 응용하려는 이 회사는 앞으로 센서 기술로 인간의 질병을 미리 알기를 원한다. 그것만이 물질 분석으로 더 많은 부가가치를 창출하려고 하는 비전을 지닌 조직이다.

강 아래서 무엇이 작동하는가. 강 아래의 작동원리 중의 하나는 시대와의 호흡이다. 시대와의 호흡을 무난히 하면서 자기를 연마하는 기회를 주는 회사가 착한 직장이다….

01 시대와 호흡을 맞추지 못하면 나쁜 직장으로 추락한다.

'**모그**' 라는 회사가 있다. 이런 회사는 2000년도 이전에는 상상이 힘들었다. 소셜네트워크 음악 서비스 회사다. 인터넷이 발달하면서 나타난 직장이다. 기술의 진보로 인한 클라우드를 통한 음악 서비스가 활성화되면서 나타난 직장인 셈이다. 시대가 낳은 산물이다.

무슨 형태의 직장이건 간에 직장은 시대와 호흡하면서 자란다. 직장, 그것이 착한 직장이 되는 길은 시대여건을 잘 타고 나야 한다. '**애플**'이라는 회사를 보라. 컴퓨터 회사다. 이 직장이 '라라미디어'라는 음악 서비스 온라인 회사를 산다. 얼마주고 샀을까. 무려 8천만 불 주고 산다. 이런 직장이 이전시대에는 이런 값어치가 되는 회사로 상상한 사람들은 아마도 쉽게 만나기가 쉽지 않았을 것이다. **애플**은 '온라인 음악 소비자의 증가'라는 이런 시대흐름을 파악하여 좋은 직장으로 거듭나는 중이다.

이처럼 시대를 호흡하는 구조가 바로 좋은 직장조직의 필요충분조건이다.

직장생활을 한다는 것은 시대를 호흡해 가기 위해서 노력하는 과정으로 보면 된다. 어느 직장이든 시대와 떨어져서 존재하기는 힘들다. 시대를 먹고사는 존재가 직장이다. 공적인 일을 하는 직장이든, 사적인 일을 하는 직장이든 간에 시대를 제대로 분석하지 않고는 성장하기가 어려운 곳이 직장생활이다.

이를테면 지금 시대가 환경우선의 시대정신을 갖고 프로젝트를 기획하는 시대라고 하자. 그러면 직장생활을 하는 여러분은 시대를 호흡해서 환경 우선적 마인드를 함양하고 유지해 가면서 업무를 해야 한다. 어느 직장도 시대와 떨어져서 흘러가기는 힘들다. 시대를 그렇다고 무조건 추종하라는 말은 아니다. 시대와의 호흡을 하면서 전진하는 곳이 직장이라는 말이다. 시대와 호흡을 맞추지 못하면 좋은 직장인이 되기는 힘들다.

환경 우선 마인드에 더 들어가 보자

현대의 직장은 환경을 우선적으로 생각하지 않고는 상상하기 힘들다. 환경 우선의 원리는 이제 모든 직장의 기초 컨셉으로 작용해야 하는 것이다. 그런 시대가 모든 직장에 오는 중이다.

갈론 코리아는 환경 우선 정신으로 무장한 회사다.

환경오염에 훼손되는 것을 막기 위한 제품을 만들어낸다. 제품은 소비자들의 애호를 받는다. 이는 지금 이 시대에서 시대와 호흡하는 키워드는 바로 '환경'이라는 말이다. 환경은 시대가 요구하는 아젠다이다. 환경을 보호하는 일은 이제 시대의 짐이다.

스페인의 경우 환경을 중시하는 무드가 정치, 사회, 경제 등 모든 영역에 제대로 뿌리를 내리고 있는 나라임을 알 것이다. **갈론**도 이런 배경에서 탄생한 직장이다. 인간이 환경오염에 노출되는 것을 막는 일에 여러분의 인생을 걸고 싶다면 **갈론 코리아**를 권한다. 좋은 직장이다.

금속 부식 방지용 코팅을 생산해서 판매하는 일을 한다. 자동차 회사와 선박회사들이 주요 고객이다. 환경의 오염을 막으면서 금속 부식방지 코팅기술을 개발한다는 것은 결코 용이한 일은 아니다.

그런 기술을 개발하는 과정에서 시행착오와 반전을 거듭한 연구원들이 존재하는 직장 조직이 바로 **갈론**이다. 1974년에 발렌시아에서 세워진 이 회사는 기술발전을 지속해서 아시아에서도 이 회사의 기술력은 높게 평가하는 중이다.

특징은 이 직장의 경우 신입사원을 채용하면 3개월은 현장에서 생산 파트의 일을 누구든지 경험하게 한다는 것이다.

생각보다 채용 과정에서 전문성을 많이 본다. 새로운 시장을 개척할 강한 의지가 존재하는가를 보면서 인재를 주로 선발하는 특징을 아울러 보여준다.

수시로 인턴직원을 채용하여 일하게 한다. 후에 평가해서 우수하고 본인이 회사에 남아서 일하기를 희망하면 정규직 전환을 해주는 그런 인재 시스템을 보유중이다.

한설그린이란 직장이 있다. 환경보호를 생각하면서 창업된 직장조직이다.

착한 직장으로 **한설그린**을 여러분에게 추천하고 싶다. 그것은 다름 아닌 이 회사의 역사에서 기인한다. 이 회사는 1980년대에 우리나라에서 최초로 그린Green이라는 말을 회사명에 붙이고 등장한다.

당시로는 상당히 획기적인 개념과 이름의 중소기업이었다. 이 회사가 한설그린이라는 이름을 회사에 붙인 것은 한국을 그린으로 다시 설계하고 싶다는 회사의 소망을 담은 것이다. 생태복원

기술사자격증을 취득하면 이런 회사에서는 환영이다. 우리나라에는 이 자격증이 크게 알려진 자격증은 물론 아니다. 유럽에서는 이런 분야의 자격증 소지자가 기술수준이 높은 회사에서 일한다.

이 회사는 시장에 많이 알려진 회사임에도 불구하고 구직 청년들은 아직 인지하지 못한 회사로 보인다. 조경학과, 산림학과, 수목관련학과, 정원학과, 식물학과 등에서 공부하면 지원할 수 있는 회사이다. 멀리 내다보고 조경분야에서 일하고 싶다면 우리나라의 그린화 추세에 맞춰서 추천하고 싶은 유망 중소기업이다.

조경 설계전문가, 조경 시공전문가의 커리어 패스가 열린 그런 직장조직이다. 그린화를 위하여 비즈니스를 한지가 25년이 된 회사로서 대표이사가 바로 한국의 조경분야 전문가의 제 1세대 대표격이다. 이런 역사를 바탕으로 회사의 평가도 좋은 편이다.

착한 직장으로는 한국의 **에코에너지 홀딩스**란 직장을 빼놓을 수 없다.

바이오 가스의 자동차 연료화 비즈니스는 각국이 침을 삼키는 분야이다. 아무나 이 분야의 비즈니스가 가능한 것은 아니다. 이런 여건에서 한국은 이 분야에 기대하는 바가 크다. 그런 과정에서 **에코에너지 홀딩스**가 이 분야의 기술 연구를 지속하는 중이다.

에코에너지(주) LFG발전소

아마도 바이오 에너지 자동차 연료화 비즈니스는 상용화될 것이다. 그것만이 아니다. 매립지, 음식물 쓰레기, 폐기물에서 정제되고 그 후에 등장하는 메탄가스가 발전에너지로 변하는 과정에서 이 에너지는 한국전력, 지역 난방공사로 전달되는 에너지가 될 것이다. 바로 이런 분야에서 일하는 화학, 화공과 전공자들이 증가할 것이다.

바이오가스 자동차 연료화 엔지니어의 비전을 갖고서 이 분야로 진출하면 중소기업에 가서도 충분히 성공하는 그런 커리어찬스를 만나게 될 것이다.

신재생 에너지 분야에서 성공하고 싶다면 이런 회사에 지원해서 비즈니스를 하는 것이 좋을 것이다. 이제 기술의 진보는 초음속의 속도를 내는 흐름을 주시해야 한다.

원래 신재생 에너지 분야의 직장이 발달한 나라는 스웨덴, 영국이다. 특히 스웨덴의 'SBI Company'는 신재생 에너지 연구분야의 글로벌 1위 기업이다. **에코에너지 홀딩스**는 이런 기업의 직·간접적인 영향을 받는 기업이므로 앞으로 비전있게 성장할 개연성이 높은 회사이다.

여러분에게 꼭 하고 싶은 한 마디 말은 이것이다.

"시대와 유리되어 가는 직장은 착한 직장이 아니다. 나쁜 직장일수록 시대에 역행한다. 착한 직장은 시대의 풍조를 맞춰가는 과정에서 성장하게 되는 것이라는 점이다."

서초동에 위치한 에코에너지 홀딩스

03 신 소비자 개척을 하는 의지가 있어야 한다

신소비자를 개척하는데 성공하는 회사는 착한 직장으로 번창하고 그렇지 못한 회사는 성공하지 못한다. 일본의 경우를 보자. 일본의 소니는 신소비자 개척에서 한국의 삼성전자에게 진다. 이것이 삼성전자는 성장하는 회사, 소니는 삼성전자보다는 덜 성장하는 회사로 한때 자리 매김 되기도 했다. 소비자를 새로이 개척한다는 것은 이와 같이 직장에 성패를 좌우하는 요소로 작용하게 된다. 착한 직장은 신소비자를 개척하는 힘을 가진 직장이고, 신소비자를 개척하지 못하는 직장은 나쁜 직장이 된다. 신 소비자의 개척은 이처럼 직장의 존재가치를 다르게 만드는 것이다. 이처럼 착한 직장은 소비자 중시(重視)를 넘어서서 새 소비자를 만들어 가야 한다. 자기 영역의 먹이를 만들어가는 조직이 착한 직장이다. 직장을 통해서 사람들은 돈을 번다. 돈을 벌려면 소비자들이 항상 존재해야 한다. 자기 직장이 만드는 재화와 용역에 대한 소비자들의 수요가 많아야 하는 법이다.

소비자를 새로이 만드는 일은 지구상의 모든 직장이 지닌 짐이다. 그러므로 직장인들이 나름의 성공을 거두려면 소비자들을 알아야 한다. 항상 자기회사 재화와 용역을 소비하는 부류가 누구인가를 파악하는 일에서부터 직장생활을 시작해야 하는 이유가 여기에 있다. 자기회사가 만드는 재화와 용역의 소비자들을 모르는 그런 직장은 좋은 직장이 아니다. 자기 신 소비자들을 정확히 알아가야 좋은 직장으로 나아갈 수 있다.

이를 테면 이렇다.

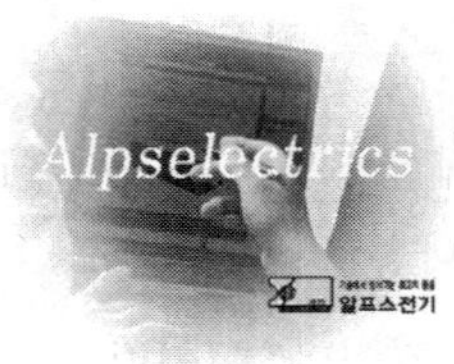

소비자는 왕이다. 그런 생각을 많이 하는 회사가 바로 **알프스 전기**이다. 소비자의 취향을 분석하고 비즈니스에 반영하는 그런 태도를 갖고 일하는 직장이 바로 알프스 전기이다. 이 회사는 일본이 국적이다. 하지만 한국에 진출해서는 일본인은 소수이고, 한국인이 이곳에서 더 많이 일하는 중이다. 소비자를 중시하는 회사의 비즈니스행태는 고객들로부터 호평을 받게 한다. 소비자를 중시하는 경영진의 영향도 크다고 생각한다.

한국 알프스 전기를 더 내밀(內密)하게 보자. 이 회사는 회사 이름을 들으면 등산 장비를 파는 회사 같아 보인다. 하지만 전기회사다. 자동차, 산업용 전기제품을 제조해서 판다.

이름만 들으면 스위스 회사 같다. 그러나 일본 회사다.

알파인이라는 회사는 자동차 음향장비를 만들어 판다. 이 회사는 전기제품이 주로 생산하는 품목이다.

알파인과 **알프스 전기**는 1947년경에 생긴다. 우리가 유엔의 승인으로 독립정부를 세우기 전에 이 회사가 설립된 것이다. 이 회사들은 오랜 역사만큼이나 신소비자를 개척하는데 일가견을 지닌 직장이다.

착한 회사 전형으로 **오토 복 헬스케어**란 직장을 보자. 이 회사 제품소비자들은 장애인들이다. 이들의 수요를 잘 알아야 한다고 직원들은 회사에서 교육받는다.

인생을 만들어가면서 한 가족의 3대가 한 회사에서 일하기는

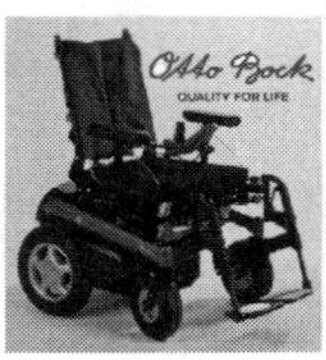

오토복 코리아 헬스케어

쉽지 않다. 순차적으로 파생하는 상황이라고 해도 말이다. 그러나 이 회사에는 그것이 현상적으로 다양하게 나타나는 중이다.

회사의 본질과 속성은 태생국가별로 약간씩 다르다.

미국회사가 높은 성취를 지나치게 추구하는 그 이면에는 색다른 맛이 있지만 직원들은 피곤하다. 지나친 성취욕은 경쟁의식으로 살아야 하는 인생 분위기를 만들 것이기에 말이다. 미국회사에선 소비자들의 구매 동기, 구매의사 인지력(認知力)을 항상 향상시켜가야 직장인으로 성공하게 되는 이유가 여기에 존재한다.

직장 성격이 변하기도 한다. 그것은 기술 변화, 자연 상황의 변화, 인간의 변화로부터 잉태하기도 한다. 시대를 간파하라. 이런 메시지를 주는 직장이 바로 **구글**이다.

세계에서 가장 가고 싶어하는 인기 1위 직장, **구글**은 시대를 파악하는 것을 항상 모토로 생각하고 비즈니스를 해 온다. 이 직장의 이런 변신력은 회사의 이미지가 상당히 역동적임을 소비자들에게 알리는 데 성공한 것이다. **구글**은 이미지의 시대 속에서 좋은 이미지를 만들어 내는데 성공한 회사가 된 것이다. 모든 직장은 물론 개인도 인생에서 시대를 간파하는 능력을 함양하는 것이 성공의 비결이라는 메시지를 제시한 것은 상당히 좋은 선물이 될 것이다.

시대의 변화를 제대로 파악하는 인생은 세상에서 유리되지 않고 생활할 수 있는 것이다. 시대를 간파하려고 노력하는 구글은

구글 코리아 사무실 전경

그래서 각국 대학생들로부터 입사하고 싶은 직장 순위 1위에 랭크되는 최근의 조사 결과가 도출된 것으로 평가된다.

구글 코리아는 게임, 인터넷, 검색을 주로 하는 회사이다. 미국 회사로서 상당히 다양한 비즈니스 영역을 개발하는 Google Inc.이다.

혁신을 거쳐서 **구글**은 단순한 검색 회사에서 뉴스 커퍼레이션이라는 뉴스 채널과도 경쟁하는 중이다. **구글**은 루퍼드 머독이라는 미국의 미디어 재벌이 새로운 경쟁 회사로 생각할 만큼 뉴스 검색시장에서도 경쟁력을 혁신하는 중이다.

변화를 즐기는 인생을 원하는 인재들은 **구글**이 취향에 맞는 직업 환경을 제공하게 될 것이다. **구글**에서 인터넷 검색전문가로 일하면서 글로벌 시장의 정보를 가장 정확하고 신속하게 얻을 수 있는 직업인은 성공하고, 그렇지 못한 직업인은 성공을 이루기가 좀처럼 쉽지 않을 것으로 예상된다.

지금까지 본 것처럼 **구글** 같이 자기 회사의 신소비자들을 개척하는데 성공한 현대의 회사를 쉽게 발견하기란 간단한 문제가 아니다.

PNG **코퍼레이션**이 그런 회사이다. 신소비자를 개척하기로 이름난 곳이다. 대표의 생각이다.

“스포츠웨어 비즈니스는 중소기업에서 성공가능성이 높다. 골프 모자를 만들어 수출을 하는 회사이다. 스포츠 분야에서 일 년에 1억 불 이상 수출을 할 것이다. 최고 경영자가 현장에서 신소비자를 만나고 신소비시장 개척을 위해서 미국, 중국, 베트남을 순회하면서 한국의 제품을 수출한다.”

여성들도 많이 근무하는 이 회사는 상당히 알찬 기반을 갖춘 회사이다. 미국에서도 이 회사의 브랜드는 이 업계에서는 알아준다. 대표이사는 대기업을 다니다가 비전을 찾아서 이 분야로 창업을 하여 성공을 한 케이스의 회사이다.

외국어 스피치를 통해서 비즈니스 협상을 할 정도의 언어 능력자라면 이 회사는 취업을 하는데 상당히 유리하게 평가하는 경향을 지닌 회사이다.

패션 제품을 수출하는 과정에서 상대에 대한 배려 의식의 가치를 인지한 연유로 해서 상대방과의 대화 능력을 인터뷰에서 유심히 평가하기도 한다. 인재는 연중 채용하는 시스템이다. 수년 내에 더 많은 수출을 하는 것을 골자로 정하고 역동적으로 비즈니스를 하는 것을 회사가 지향하는 중이다.

특히 이탈리아에서 제품 디스트리뷰터 브랜치를 세울 플랜도 가진 중소기업이다. 국제무역 회사를 희망하고 수출을 하고 싶은 인재라면 얼마든지 클 가능성이 높은 착한 직장이다.

핸드폰, 가전, 디스플레이 전자제품 제조

자화 일렉트로닉스는 전자 분야에서 신소비자 개척에 집중하는 편이다. 핸드폰, 가전, 디스플레이 소요 전자 기술을 갖고 부품을 제조한다. 중국, 개성, 말레이시아에 진출한 기업이다.

기술 기반이 첨단 산업과 긴밀하게 연결되어 있다. 연구소 경영지원실 등 연구지원 시스템이 좋은 회사이다. 중국어를 잘하는 인문 전공자들도 자주 채용한다. 이 회사는 전자기기에 대한 연구를 많이 하는 편이다. 핸드폰 등 전자 엔지니어가 되려는 분들에게 권한다.

그러나 여기서 우리가 주목해야 할 직장이 있다. 그것은 무조건 몸집을 불리려는 경향을 지나치게 강하게 가진 직장이다. 이런 직장은 나쁜 직장이다. K그룹이 원래는 무리하지 않는 직장이었다. 그러나 D건설을 무리하게 인수하고 나서 어려워진다. 몸집을 무리하게 늘리는 과정에서 어려워진다. 이런 행위로 인해서 K그룹은 일부 계열기업이 워크아웃까지 직면한다. 이런 경우가 여기에 해당한다.

3

차별적 역량을 선호하지 않으면 좋은 직장이 아니다.

좋은 직장은 개인의 차별적 역량을 먹고 자란다. 좋은 직장은 소속원들이 차별적 역량을 갖추게 돕는 문화를 지닌 조직이다. 좋은 직장만큼 개인의 차별적인 역량을 선호하는 조직은 없을 것이다. 차별적인 역량을 개척하는 일은 인간의 삶에서도 직장의 성장에도 지대한 영향을 주게 된다.

개인이 자기 직업 분야에서 성공하기 위해서는 남과 다른 차별적인 역량을 만들어갈 수 있어야 한다.

좋은 직장은 빚이 적어야 한다. **엔론** 같이 자기 빚이 많은 직장은 아무리 금요일마다 직원들에게 파티를 거창하게 베푼다고 해도 좋은 직장이 아니다. 현대의 직장은 서서히 그 성격이 변하는 중이다. 빚도 적고 차별적인 역량을 키워 가는데 파워를 발휘하는 직장은 좋은 직장이고, 차별적인 역량을 내재적으로 키우는데 게으른 직장은 나쁜 직장이다.

현대의 직장은 서서히 사교 클럽으로 변하는 중이다. 사교클럽이라는 표현은 부드러운 표현에 속한다. 리얼하게 말하면 파벌이 지배하는 조직이 직장이다. 이런 속성을 알고 직장생활을 하는 편이 낫다. 그렇다고 파벌에 무조건 가입해서 자기 일을 소홀히 하라는 메시지는 아니다. 일은 제대로 하되, 직장 파벌의 속성을 알고서 대처하라는 말이다. 공정하려고 노력하는 움직임이 강한 직장들이 다소 존재하지만 직장은 파벌에 의해서 승진이나 보직이 주어지는 빈도가 높은 조직이다. 직장의 의견들이 파벌에 의해서 왜곡되는 경우도 많다. 파벌을 무시하고는 직장 구조를 알기가 힘들지도 모른다. 어느 직장이건 주류와 비주류가 존재한다. 주류와 비주류가 교대되면서 파워 게임을 하는 곳이 직장이라고 하면 지나친 비약인가?

직장은 행복을 추구하는 광장이다. 단순히 돈을 버는데 그치는 장소는 아니다. 현대인들 중에는 직장은 돈만 버는 곳으로 착각하여 인생에서 오류를 경험하는 경우를 보게 된다. 직장은 돈만 버는 곳은 아니다. 인간의 행복을 종합적으로 만들어가는 광장이 직장이라는 시스템이다. 그러므로 직장을 선택하는 사람들은 돈만 보지 말고, 행복을 종합적으로 추구하는데 그곳이 가장 적합한가를 보고 정해야 한다. 직장을 입사하기가 쉽지는 않지만 당신이 만약 직장을 선택하는 경우 직장은 행복을 종합적으로 만들어가는 네트워크화 된 광장이라는 생각을 잠시도 늦추지 않을수록 좋다.

행복은 자아의 차별적인 역량으로부터 오는 선물이다. 차별적인 역량을 잘 키우게 돕는 조직은 좋은 직장이고, 모든 직원들이 차별적인 역량을 키우지 못하게 하는 조직은 나쁜 직장이다. 차별성을 먹고 좋은 직장은 자란다.

01 소통(疏通) 못하면 나쁜 직장이 된다

소통력은 직장을 판단하는데 중요한 척도이다. 소통력은 직장의 파워력을 좌우하게 한다. 소통이 잘되게 여러 가지 정책을 강구하는 이유가 여기에 존재한다. 소통력이 약하면 그 직장은 나쁜 직장으로 가는 길을 걷는 중이다.

소통이 잘되는 직장은 좋은 직장이다. 신입의 이견(異見)이 상사의 노여움의 대상이 되지 않는 직장은 좋은 직장이다. 소통이 안 되는 직장은 나쁜 직장이다. 환율이 요동치는 순간에 소통이 안 되면 직장은 환손실을 당하는 경우를 보게 된다. 이런 경우는 소통을 해서 환차손을 오히려 환차익으로 전환하게 사내의 외환 운용 전문가들을 소통으로 모아서 외환을 운용하게 해야 한다. 다액의 외환이 운용되는 과정을 몇 사람만이 아는 불통이 심한 직장은 나쁜 직장이다.

영국 부동산 컨설팅회사

소통이 잘되는 직장으로는 **세빌스**라는 회사가 있다. 부동산 전문 회사다. 150년 이상이 된 회사지만 직원간의 소통은 원활하다. 2만여 명의 직원들이 36개국 이상에서 일한다. 우리나라에 2005년에 진출해서 비즈니스를 한다.

세빌스는 오래된 조직이지만 소통에서는 신세대 취향이다. 그래서 좋은 직장이다. 2008년 부동산 경기가 글로벌 시장에서 어렵던 시기에도 1조원의 매출을 올린다. 부동산 거래에서 자문을 해주기도 한다. 상업용 부동산은 거래도 하고 투자도 한다.

영국에서는 도시의 빌딩 공실률이 13%를 넘어선다. 부동산 회사를 평가하는 과정에서는 여러 변수를 깊이 고려해야 한다. **트럼프**가 부동산으로 무리하게 투자를 해서 고통을 감내하던 추억을 구직자들은 생각해야 한다. 장밋빛만이 존재하는 것이 세상이 아니다.

체질적으로 술이 안 받는 분들을 제외하고, 성공하는 직장생활을 위해서는 술을 기분 좋게 마시되, 비틀거리면서 필름이 연결이 안 되는 수준까지 먹지는 말라. 직장에서 취해서 비틀거리는 그런 체력을 보유한 사람은 안 좋아한다.

술을 매일 먹어야 하는 구조의 직장은 참 나쁜 직장이다. 이런 구조라면 아무리 오래된 직장이라도 안 좋은 직장이다. 이런 나쁜 직장은 여러분이 스스로 구조를 고쳐가라. 이직은 쉽게 생각하지 말고 여러분이 그 구조를 고치라. 일주일에 세 번만 술을 해도 되는 직장으로 말이다.

술을 통해서 소통이 이뤄지는 곳이 직장이지만 모든 소통이 술을 통해서만 이뤄진다고 생각하지는 말라. 다른 소통의 방법도 직장 내에는 얼마든지 존재하는 법이다.

직장의 일을 통해서 보람보다는 이익을 우선하는 경우를 보게 된다. 직장은 이익으로 유지되는 속성을 지닌 조직이라서 이런 흐름은 자연스러운 것이다. 그러나 순이익과 더불어서 인간을 사랑하는 의지를 강하게 구현하는 조직이 바로 좋은 직장이다.

직장은 이익을 기준으로 합종연횡하려는 경향이 강한 집단이다. 새로운 기득권세력이 바로 직장 내부에 존재하여 합리적인 무드를 업무에서 배제하려는 그런 움직임도 일부 존재하는 곳이 직장인 것이다. 직장은 합종연횡의 네트워크가 숨 쉬는 존재이다. 그러므로 항상 안테나를 넓게 열어 두고 직장생활을 해야 한다.

인간을 사랑하는 마음으로 일한다. 행복한 메시지다. 일하는 것이 바로 인간에게 도움이 된다. 인간의 건강을 증진하기 위한 노력이 일의 전부인 회사. 그곳이 바로 **글락소 스미스 클라인**이다. 이런 조직에 속해서 일한다는 것이 인생에서는 큰 보람이 아닐 수 없다.

글락소 스미스 클라인은 좋은 직장이다. 소통이 잘되는 직장이라서 그렇다. 남을 위한 치료제 개발에 열정을 다하니 좋은 직장이

연구개발 중심의 세계적인 영국계 제약기업
글락소 스미스클라인

아닐 수 없다.

9만 9천여 명의 직원을 거느린 회사이다. 각국에 진출한다. 영국회사이다. 남에게 이익을 주는데 헌신하고자 하는 인생을 구상하는 사람들에게는 **글락소 스미스 클라인**이 좋은 회사이다. 이 회사는 제품을 항상 새로이 개발하려는 그런 시장에 적응하는 신속한 반응 체제를 갖춘 회사로 유명하다 연구소 조직이 잘된 그런 회사이다. 영업직원들은 높은 보수, 충분한 활동비를 받으면서 일하는 중이다.

한국에는 6백여 명의 직원이 근무하는 그런 규모의 회사이다. 항상 연중 이력서를 받지만 아무나 채용하는 그런 무드는 아니다.

합리적으로 일하는 매너를 배우려는 태도가 필요하다. 특히 신입 직원의 경우는 더욱 더 그렇다. 합리적으로 말하고 합리적으로 프로젝트를 다루는 일은 하루아침에 되는 일은 아니다.

엔겔 기계 같은 곳에 진출해서 그런 매너를 보유하게 된다면 이보다 바람직한 일은 없다. 이 회사는 합리적으로 일하는 기업문화를 지닌 회사이다. 이런 직장은 인생에서 편안함을 제공하게 될 것이다. 합리성이 강하게 지배하면 인간에 대한 사랑, 인간에 대한 예의를 지키면서 일할 수 있는 환경이 만들어지는 것이다.

ENGEL

ENGEL
duo 550

ENGEL

에이 아이 랩은 항상 네트워크를 오픈한 채로 비즈니스를 한다. 그래서 시장에서의 변화를 적기에 파악하는 조직으로 작동한다. 의료기기산업에서 성공하는 기업 중에 **필립스**, **지멘스** 같은 유럽 회사, **존슨엔 존슨 메디컬** 같은 미국 대기업들이 존재한다. 의료기기가 워낙 그 종류가 다양하므로 중소기업들이 성공할 확률이 높은 직업에 속한다.

강원도 문막에 가면 이런 의료용 기기를 만들어 수출하는 회사들이 많다.

그중에 한 중소기업이 **에이 아이 랩**이라는 회사이다.

이 회사는 원래 서울에서 비즈니스를 하다가 원주에 의용 공학단지를 만들어간다는 정책을 알고 이곳으로 이주를 한다. 이곳에서 주로 MRI기기 제조 기술자들이 많이 일하는 중이다. MRI기기 제조 기술자가 됨을 지향하는 인재들은 이 회사를 두드려 보는 것도 좋다.

더욱 좋은 조건은 일정 인원에게 병력 특례가 주어지므로 연구하는 데는 유리한 직업여건이 존재하는 착한 회사이다.

영어를 잘하면 이 회사에서는 유리한 조건을 만드는 것이 가능하다. 이 회사에서는 헝가리, 러시아, 우즈베키스탄 등에 MRI기기를 다수 수출하는 중이다.

이들 동유럽의 수출시장에 좋은 편이다. 인류의 관심이 건강이라는 화두로 진행하는 지금 MRI 기기 수출 전문가를 지향하는 젊은이들이 많아지기를 기대한다. 다소 채용 기회가 존재하는데 전자과와 같은 기계전공자들이 유리한 국면에서 직업 여건을 만나게 될 것이다.

소비자들의 흐름을 파악하는 네트워크가 잘 마련되어 있는 직장이 **에이 아이 랩**이다.

한국이 자체 기술로 MRI를 만든지 10년이 지난 셈이다. 이제 이 회사는 앞으로 미국에서 MRI AS센터를 만들어서 비즈니스영역을 미국에서도 확대하려는 장기 플랜을 지닌 착한 중소기업으로 추천하고 싶다.

엔겔 기계는 오스트리아 회사이다. 그래서 여유가 강한 문화가 존재하는 직장이다. 6천 명의 직원을 거느린 오스트리아 회사로는 큰 회사이다. 사출 성형업체이다. 조선 기계 운송장비 자동차에 사출 성형이 활용된다.

Engel Machinery Co.는 이름처럼 기계 개발직이 인기인 회사이다. 항상 서둘지 않고 제품을 개발하고 비즈니스를 한다. 미국 회사처럼 몰아서 일하는 경우는 드물다. 합리적으로 일하고 휴가는 철저히 즐기면서 일하는 분위기다. 이 회사에서 인생을 시작하는 것은 상당히 여유로운 그런 환경을 배달해 줄 것이다. 과로하는 일은 거의 없는 전형적인 오스트리아 회사이다.

영어를 평소에 익히면서 기계 공학을 전공하거나, 산업 공학을 공부하면 이 회사에 비즈니스를 제대로 배울 수 있을 것이다. 사출 성형을 주로 하게 되므로 기능직이 많은 좋은 직장이다. 하지만 연구직, 마케팅직도 지속적으로 파생되는 직장이다. 외국어를 잘하면 그것으로 직장에서 소통을 잘하는데 유리하다. 그 점을 생각하면 좋은 소통을 위해서는 외국어 하나는 평생 공부하기 바란다.

02 미래 예측력이 강한 직장은 좋은 직장이다

동원참치라는 직장이 있다. 부산에 많은 냉장 공장을 두고 참치를 어획해서 영하 45도 이하로 냉동하여 주로 외국에 판다. 한국에도 일부 갖고 온다. 이 회사는 성장해서 어느덧 동원 그룹이 된다. 이 회사가 미래를 예측하기를 서구 사람들이 참치를 많이 소비할

참치 조업하는 원양어선

것이라는 내부 예측을 한다. 그래서 미국에 진출한다. 히트를 한다. 참치 소비가 늘어난다. 1997년 한국에서는 외환위기가 와서 환율이 오르던 시절, 태평양에서 참치를 어획하여 바로 미국 등지에 판다. 예를 들자면 환률 덕에 1,000원 받을 것을 1,600원을 받는다. 그렇게 해서 이 회사는 많은 돈을 당시에 번다. 달러로 참치를 판 가격을 받았으니 수입이 많이 늘었다. 이런 비즈니스에서 크게 성공한 것은 바로 동원 그룹 내에 미래 소비 예측력이 존재한 덕분이기도 하다고 본다. 이처럼 미래 예측력을 지닌 직장은 좋은 직장이다. 그러나 미래를 내다보지 못하는 그런 컴컴한 정보력을 지닌 직장은 나쁜 직장으로 전락할 개연성이 높은 것이다.

착한 직장은 자기회사가 만드는 재화와 용역의 미래 수요를 잘 예측하는 조직 구조를 갖고 있다. 숨은 수요(需要)를 찾아내는 직장이 좋은 직장이다. 한국의 **위니아 만도**가 숨은 수요를 찾아내는데 탁월성을 지닌 직장이었다. 1995년 김치 냉장고를 출시해서 시장에서 호평을 받는다. 그들은 김치 냉장고의 숨은 수요를 찾아내는 역량을 지닌 회사다. 이런 역량을 갖기 위해서 부단한 노력을 경주한다.

미래 예측 시스템을 잘 갖춘 회사는 좋은 회사이고, 미래 예측시스템이 꽝인 회사는 나쁜 직장이다. 이런 점을 생각하면서 직장을 평가해서 선택하는 사람이 개인의 행복지수가 더 높아질 것이다.

안정감이 부족한 직장 구조를 지녔다면 안 좋은 직장이다. 자기가 그 자리에 존재해서 즐겁다는 생각과 표정을 지으면서 일하라.

직장은 긍정적인 생각을 하면서 일하는 사람을 좋아한다. 좋은 직장도 부정적인 생각을 하면서 일하면 나쁜 직장으로 변하고, 여건이 다소 미흡한 직장도 긍정적으로 생각하면서 일하면 좋은 직장으로 변하는 생물과도 같은 존재가 바로 직장이다. 직장은 항상 미래를 예측하면서 변하는 것이다.

경기도 파주시는 파주의 국제 비즈니스 공간을 시 직원들이 모두 협력해서 잘 만들어 내는데 재미를 불어 넣는 중이다.

덕분에 경기도 파주는 상당히 클린하다. 싱가포르 못지않다.

수요를 적기에 예측하고 재고를 최소화 하는 전략을 몸에 확고히 습성화 해 간다. 이런 임팩트를 배우고 나면 그 인재는 시장에서 경쟁력을 갖는 직업인으로 성공하게 될 것이다. 현대의 직장은 수요를 적기에 예측할 수 있어야 파워를 가질 수 있다. 수요 적기 예측력은 직장생활을 하는 현대인에게 필수적인 역량인 셈이다. 직장은 수요예측 시스템의 일종이다.

수요적기 예측은 하루아침에 되는 것은 아니다. 바로 **파주 전기 초자** 같은 회사에서 이런 습관을 함양할 수 있다.

여기서 우리가 놓치지 말아야 할 점은 파주시청 공무원들은 주민들과 협력해서 파주에 다국적기업을 소문없이, 상당히 많이, 다양하게 진출하게 만들어내고 있다는 점이다.

그중에 하나가 바로 일본과 한국의 엘지 디스플레이가 합작을 한 **파주 전기 초자**라는 회사다. LCD 글라스를 만들어 내는 회사이다. 한 시기에 이 제품이 공급과잉이 될 것이라는 심층 분석이 보도된 적이 있었지만 물건이 없어서 못 파는 호황을 맞이하면서 이 회사는 성공하는 중이다.

일본 NEG라는 **일본 전기 초자**는 3천여 명의 직원이 일하는 대기업이다. 하지만 파주에서 일하는 직원은 아직 100여 명 가량 된다. 한국에는 2005년이 설립년도이니 장차 인력은 더 커질 것이다. 이 직장은 좋은 직장이다.

문제는 비즈니스 상황이지만, 시장 전망은 좋은 편이다. 기술 개발은 지속적으로 하는 중이다. 기술 개발에 승부를 거는 그런 인생을 만들어 가고 싶은 인재라면 이 회사를 권하고 싶다.

비즈니스 아이템에 대하여 정확하게 말하자면 이 회사는 'LCD용 GLASS 후가공 회사'이다. 일본 파트너가 6할, 한국 엘지 디스플레이가 4할의 지분 구조를 지닌 회사라서 일본에서 교육을 받는 기회도 다양하게 생성되는 중이다. 하나의 기술개발을 통하여 승부를 거는 스타일로 첨단 기술개발을 하는 그런 인생을 만들고 싶다면 이 회사가 적합하다.

합리적인 성향이 강한 회사의 경영 모토에 의하여 지속적인 성장을 하는 좋은 직장 중의 하나이다.

수요를 정확하게 예측하는 일은 어려운 숙제이다. 세상이 수시로 변하기에 그렇다. 특히 인간, 기술이 변하는 속도가 일정하지 않는 것이 문제이다.

인생길에서 연구한다는 것에 대한 즐거움을 안다는 것은 소중한 발견이다. 지속적인 재화와 용역에 대해 연구하지 않는 직장은 나쁜 직장이다. 기술의 진보는 매우 긴밀하게 나타나는데 연구하지 않는 직장 조직이라면 성공하기 힘든 것이다.

인생길은 멀고 험하다는 것을 아는 이들은 이런 연구의 즐거움을 아는 것이야말로 보물을 발견한 것과 같다고 생각하는 경향이 강하다. 연구도 수요적기 예측부터 잘해야 그 시작이 가능하다.

맞는 말이다. 연구하는 즐거움을 한 회사로부터 느낄 수 있다면 그것은 그 자체로 가치가 높은 것이다. 연구의 즐거움을 알게 해주는 회사가 바로 **에드워드 컴퍼니**이다. 영국 회사로서 오랜 역사를 지닌 회사답게 연구 인력이 강한 조직이다.

하드 람은 자사 제품 수요를 항상 예측하는데 비즈니스의 비중을 크게 둔다. 그것은 소프트웨어를 수출하는 직장일수록 더욱 그렇다.

다른 중소기업이 진출하기 어려운 중소기업이다. 소프트웨어를 수출하는 기업으로서 자존심도 존재한다.

경기도 성남시에 위치한 기업으로 연구기반이 강한 중소기업이다. 여러분 중에서 레이저 과학 기기생산 엔지니어를 희망한다면 **하드 람** 같은 회사가 유리하다.

기술 기반을 보고 중소기업 취업 여부를 결정하는 것이 중요하다고 하면 **하드 람**은 이런 조건에 맞는 회사이다.

삼성 전자, 엘지 전자가 이 회사 제품을 산다. 전자, 전산 전공자로서 이런 분야의 전문가를 조기에 지망한다면 이런 회사를 두드려 보기를 권한다.

LCD, PDP 기술을 가진 회사로서 국제적으로도 기술 기반을 인정받는 중소기업이다.

한영 넉스를 보라. 이 회사는 항상 수요파악을 먼저 한다. 센서 재고를 두지 않거나 최소화하기 위한 전략에서 수요를 적기에 파악하려고 하는 것이다.

이 직장에서는 유망직업으로 영상 알고리즘 엔지니어가 희망이 있다. 이런 비전이 있는 회사에서 성장하고 싶다면 **한영 넉스**를 추천한다. 이 회사는 에리어 센서도 연구한다.

온도 조절계 제품 시장에서의 평가가 높은 편이다. 1972년에 설립하여 이미 **중국 한영유한공사**, **한영 인도네시아**라는 명칭으로 중국과 인도네시아에 진출해서 비즈니스를 하는 중이다. 중국어를 잘하고 전자공학을 한분들이라면 이런 중소기업에 적합하다. 상품기획직 등 몇 개 분야에서 경력직만을 채용하는 중이지만 신입도 문을 두드려볼 일이다.

스포티즌은 그야말로 수요를 먹고 자란다.

한국 회사로 스포츠 이벤트, 스포츠 마케팅을 하는 직장이다. 이 직장이 상당히 미래 수요를 잘 파악하는 조직으로서 스포츠 수요에 대한 정보에 강한 직장이 바로 **스포티즌**이라는 직장이다.

중소기업 중에서 이 회사를 추천하는 이유는 한국이 서서히 스포츠 강국으로 이행되는 과정에서 이 회사의 비즈니스가 영역이 커지는 상황이라서 그렇다.

이 회사는 상당히 개방적으로 운영된다. 사풍이 개방적이다.

직원이 누구라도 비즈니스 아이디어를 내는데 애로는 없다. 이 회사 경영자는 인문계를 전공한 분이다. 하지만 스포츠 산업에 대한 에너지와 열정이 크다.

스포티즌에서는 남성과 여성이 같이 일하면서 차별 상황은 거의 찾아보기 힘들다. 스포츠에 대한 지식이 풍부하고 스포츠 마케팅에 대한 열정을 중소기업에서 배우면서 키우고 싶다면 이런 회사를 천거하고 싶다. 유럽의 FIFA 스포츠 에이전트 자격증을 취득해 두는 것이 유리하다.

에드워드 코리아. 이것은 회사이름이다. 반도체 진공 장비 수요를 파악하는데 비즈니스의 핵심을 둔다.

에드워드라니 사람으로 들린다. 그러나 사람 이름이 아니다. 회사명이다. 반도체 진공 장비를 하는 좋은 기업이다. 영국기업으로서 상당히 성취지향의 기업 문화를 지닌 곳이다. 성취지향심이

에드워드 코리아 전경

강한 인생을 만들어 가고 싶은 분들에게는 에드워드를 권하고 싶다. 가족적인 무드가 강한 회사이다. 그러나 영국 본사에는 3천명이 근무하는 큰 회사이다. 한국은

320명이 1992년부터 일하는 조직이라서 가족적인 회사이다.

영국에서는 인재 교육을 충실히 하는 회사로 정평이 나있는 직장이다. 지속적인 교육을 통해서 반도체, 진공 장비 등의 기술 혁심에서 항상 선두를 유지하는 중이다. 대만에 경쟁회사들이 많아서 항상 기술 개발에 많은 투자를 하는 좋은 직장이다.

나쁜 직장은 사채를 많이 빌려서 비즈니스를 하는 직장이다. 이런 직장은 빛을 보기 힘들어진다. 이런 직장은 믿지 말고, 지원하지도 말아야 한다.

03 다른 의견(意見)을 수용해야 좋은 직장이 된다

좋은 직장은 누구나 자기 발언권을 갖고 발언이 가능한 직장이다. 윗사람만 발언하고 아랫사람은 발언권이 없는 직장은 나쁜 직장이다. 미래의 인재가 성장하기 어려운 구조라서 그렇다. 착한 직장은 부품을 공급하는 작은 회사와 공존을 모색하는 그런 직장이다. 자기 혼자만 돈을 벌고 하청회사들은 돈을 못 버는 그런 구조의 직장은 나쁜 조직이다. 나쁜 직장은 상사의 일방적인 의견에 의해서 비즈니스가 이뤄지는 직장이다. 이런 직장은 수평적인 의견 교환이 쉽지 않다. 그래서 이런 직장에서는 아이디어 소통이 힘들어진다. 이런 수평적인 소통이 막힌 직장이 성공하기란 하늘의 별을 따는 것과 같은 일이다. 다른 의견이 만나야 성공적으로 회사가 발전하게 되는 바, 일방적인 의견만을 만나는 조직은 건강하지 못하게 된다는 점을 기억하기 바란다.

상사 혼자서만 말하고, 나머지 구성원은 일만 하라는 투의 직장은 좋은 직장이 아니다. 이런 직장은 나쁜 직장에 속한다고 할 수 있다.

서로 다른 의견이 모이는 시장이 바로 직장이다. 직장은 그래서 이견을 잘 소화하는 능력을 지닌 이를 리더로 키워야 한다. 그래야 회사가 더 성장한다. 다양한 얼굴과 다양한 이질적인 생각을 가진 집단이 모인 곳이 바로 직장이다 보니 항상 관용하면서도 자기 생각 노선을 분명히 갖고 생활해야 하는 곳이 되어야 한다. 의견 마켓이 활발한 곳이 좋은 직장이라는 말은 직장은 자본, 기술, 지식이 노동과 긴밀하고도 융합적으로 모이는 곳이라서 더욱 그러하다.

현대 직장에서 모든 사람들이 알아야 하는 점 중의 하나는 능력 발휘에서 입사초기부터 너무 욕심을 부리지 말아야 하는 점이다.

의견이 부딪히는 공간이 바로 현대의 직장이다. 그러므로 직장에서 항해를 잘하려면 다른 분들의 의견을 존중하는 매너부터 배우는 것을 시작하라고 말하고 싶다. 상사들이 부하의 의견을 무시하는 풍토라면 그 직장은 나쁜 직장에 가까워지는 중이다. 이런 자질을 가진 상사가 한두 명이 존재하는 것은 그래도 이해가 되지만 다수가 그런 매너를 지닌 간부라면 그 직장은 나쁜 직장이다.

신입사원 들은 자기의견이 존중받기를 갈망한다. 누구나 인간은 그런지도 모른다. 외국 회사 중에서도 **로레알 코리아**는 유난히 개인의 의견을 존중하면서 비즈니스를 하려고 노력한다. 로레알 사람들의 스피치에는 그래서 상대방을 배려하는 어투가 존재한다. 함부로 너무 신속하게 말하는 법이 없다. 항상 신중하고 사려심 높게 말하고 비즈니스를 수행하는 매너를 로레알에서는 배우지 않는 직원들이 없다. 이들은 선배들이 얼마나 자기 절제력을 발휘하면서 일하는가를 곧 알게 되는 이점이 높은 회사이다. 직장은 항상 서로간의 의견이 충돌하지만 이견을 존중하는 공간임을 보여주는 중이다.

L'ORÉAL
KOREA

로레알은 한국 여대생들도 들어가고 싶어 하는 직장 중 하나이다. 정확하게 말해서 여대생만이 아니다. 남성들도 **로레알** 같은

회사의 직원이 되는 것을 희망하는 빈도가 올라가는 중이다. 타인으로부터 의견을 존중받는다는 것의 즐거움을 아는 간부들로 구성된 이 회사는 인생에서 항상 서로의 의견을 존중하는 것이 좋다는 메시지를 주는 직장 조직인 것이다.

로레알 코리아는 메이크업 회사이다. 인생에서 의견을 존중받는 시간을 많이 갖고 싶다면 로레알을 자기의 직장으로 정하고 준비할 가치가 충분하다. 그런 평가를 할 만한 가치가 존재하는 좋은 직장이다.

피부 및 메이크업 연구소의 연구도 활발한 직장이다. 아시아, 아프리카, 유럽, 미주 지역의 여성들의 피부를 연구하는 연구소들이 많다. 청년들이 비교적 행복하게 일하는 그런 분위기를 지닌 직장이다. 당신이 **로레알**을 가면 행복한 인생을 만들어갈 수 있다. 직장에 와서도 자기

주장을 적절히 하면서 일하게 되므로 행복한 것이다.

편견을 갖지 않는 기업 문화를 지닌 직장이 **아이비엠**이다. 무슨 전공을 해도 지원이 가능하고 입사도 이뤄지는 경우가 많다. 전공 제한도 없다. 이것은 글로벌 기업인 이 회사의 오래전부터의 인재 구성방침이다. 항상 열린 자세로 인재를 인터뷰하는 것을 즐긴다.

반드시 정보통신 학과만을 졸업했다고 IT 컨설턴트, 프로그래머 등의 직업에서 아이비엠의 유능한 직원이 되는 것은 아니다. 반드시 실무능력을 본다는 컨셉으로 인재를 채용하는 기업이 바로 **한국** IBM이다. 이 회사는 인간에 대한 편견이 없다. 흑인, 황인종, 백인종이 어울려서 일한다. 가능한 한 일과시간에는 정장을 입고서 회사의 이미지를 올리려는 노력을 하는 것이다. 편견 없이 일을 다루는 습관을 이 회사에서 배울 수 있는 것이다.

내가 **한국 아이비엠**을 방문한 것은 1980년대 말 어느 겨울.

아이비엠은 출입구에서부터 친절하게 나를 맞이해 주었다. 이 회사는 부하직원들의 의견을 경청하고 존중하는 문화를 지닌 직장이다. 착한 직장의 요소를 많이 가진 직장이다.

나는 이 회사로부터 브리핑을 30분간 정도 들었다. 인사를 다루는 분으로서 자세하고 가능한 한 필요한 부분을 주로 설명해 주었다. 나는 그의 이야기 중에서 "**아이비엠**은 행복하게 일하는 직장"

이라는 메시지를 들은 것이 인상적이었다. 인생의 행복을 추구하면서 일하게 하는 착한 직장이라는 말이다. **아이비엠**을 착한 직장

1957년 8월 설립한
컴퓨터 전문 기업 IBM

으로 본 것은 이런 회사 설명에 대한 반응일지도 모른다는 생각이 든다. **아이비엠**은 그 후에 강남의 군인회관으로 간다. 회사는 이전해가게 되지만 여전히 **아이비엠**은 인생에서 나름의 행복을 추구하게 해 주는 조직으로 나의 뇌리에 남는다.

유럽에서는 낮에 포도주 한잔하고 일해도 되는 회사가 바로 **아이비엠**이란다. 하지만 한국에서는 낮 시간에 근무 중에 음주하는 것은 원칙으로 허용되지 않는 그런 문화가 존재한다. **아이비엠**은 언제나, 누구나 지원이 가능한 회사다.

진짜 전공 제한이 없이 인재를 채용하는 회사이다. 한국에서 **아이비엠**은 적자를 본적이 거의 없다. 그만큼 **한국 아이비엠**은 튼튼한 경영을 해온 터이다.

4

직장은 융합 생물체다

직장은 융합 생물이다. 융합기술이 존재하는 기업은 좋은 직장이다. 이나모리는 일본 기업가이다. 그는 불교에도 귀의하고 상당히 심리적인 요소들에 관심이 많은 그런 경영인이다. 그는 1959년에 8명의 인원으로 작게 회사를 창업한다. 그러나 그는 2009년경에는 명예회장이지만 11조엔 이상의 매출을 가진 전자회사로 이 회사를 키우는데 성공한다. 바로 그 회사가 이름도 널리 알려진 일본 기업 **교세라**이다. 그는 성공적으로 회사를 경영한다. 그가 성공한 비결은 직장을 생동하는 융합 생물과 같은 것으로 인식하면서 생동감있는 직장으로 경영을 한 점이다.

그는 항상 자기 직장을 다양한 전문가들이 융합하면서 만들어가는 생물로 인식한 점이다. 직장에서 가장 나쁜 직장은 생동감이 없는 직장이다. 생동감이 넘치는 직장은 좋은 직장이 될 것이다.

깊은 정성을 들이는 태도는 인생에서 참 필요한 경우가 많다. 직업세계에서 성공하려면 정성은 항상 필요한 법이다. 직장은 정성을 먹고 자란다. 이런 기조 하에 직원을 채용하는 직장이 있다. 일본계 종합상사인 **스미토모**라는 회사이다. 이 회사는 그래서 인재 채용에서 항상 유연성지수가 높은 인재를 채용하는 경향성을 보이는 중이다. **스미토모**는 직업조직은 융합 생물과 같은 존재라는 것을 알고 있는 것이다.

스미토모 전경

융합생물이라는 개념은 바로 종합적인 요소로 직장이 구성되고 운영된다는 의미이다.

좋은 직장은 종합적인 균형 감각을 지닌 직장인 경우가 많다. 너무 치중하는 분야가 불균형적으로 나타나는 직장은 좋은 직장이 아니다.

'**스미토모**'란 직장은 한마디로 융합생물과 같은 존재이다. 현대의 스미토모 직장 구조를 보면 이 직장이 융합생물임을 알 수 있다. 새로운 환경과 직장은 항상 결합되는 과정을 거쳐서 새로운 생물을 만들어가는 것이다. 그러므로 융합력을 높이는 힘이 직장의 조직, 리더들로부터 잉태되어야 하는 것이다. 직장은 지식 정보 경험을 융합하는 조직이다. 이런 조직은 서로 이런 정보가 융합되어 생물처럼 움직이는 조직이다.

피치라미 코리아는 융합력이 강한 직장 조직이다.

스위스에서 100명 이상의 직원을 거느린 회사라면 작은 회사는 아니다. 작은 규모로 글로벌 시장을 넘보는 그런 직장이 많은 나라가 스위스다. **피치라미**는 바로 스위스 국적의 회사이다. 라미네이팅 기계 및 필름을 정밀한 손으로 만드는 회사가 바로 이 회사이다. **피치라미**는 항상 의견을 조율하는 과정에서 균형 감각을 유지하려고 노력한다.

한국에는 2001년 진출한다. 작은 인원이다. 무역을 주로 하면서 스위스를 오가는 일을 하고 싶다면 **피치라미 코리아**에 지원하라. 영어는 필수다. 영문 서류도 잘 작성해야 입사테스트에서 유리하다.

01 실패데이터 저축을 못하면 나쁜 직장이다

실패 데이터를 저축하기를 즐기는 직장은 착한 직장이고, 실패 데이터를 저축하기를 게을리 하는 회사는 나쁜 직장이다. 그렇다. 데이터를 저축하는 일은 직장 조직이 착한 평가를 받는 길과 통할 수도 있다. 부정적인 데이터를 모으는 일에만 시간을 투자하는 회사보다는 긍정적인 데이터를 모으는 일에 더 시간을 투자하는 그런 직장이면 착한 직장이 될 가능성이 높다. 착한 직장인가를 보려면 한 직장조직이 어느 성향의 데이터를 보유하고 있으며, 그 데이터의 양과 질은 무엇이며 어느 수준인가를 판별하는 노력이 필요하다.

실패한 데이터든 성공한 데이터든 데이터를 저축하는 조직은 좋은 직장이고, 데이터를 경시하는 직장은 안 좋은 직장이다. 호주에서 6성 리조트에서 머물면서 수영장청소와 배를 타고 섬을 돌면서 우편물을 나눠주고 동물 먹이를 주면서 일하는 직업에 6개월 일하면 1억 5천만 원을 주급으로 2회씩 나눠서 주는 직장이 있었다. 최근 풍경이다. 이런 직장은 좋은 직장인가. 여건은 좋은 직장이다. 이런 직장은 하지만 희귀한 직장이다. 이런 직장은 드물다.

데이터에 의존하는 습성을 지닌 리더는 장기적으로 보면 인생에서 성공할 가능성이 높다고 한다. 축구, 농구, 야구 경기에서 선수기용의 경우, 기존 그 선수의 경기에서는 데이터를 중시하는 감독이 승리하는 경향을 구체적으로 많이 보인다는 점을 기억해 둘 가치가 있다. 데이터 저축을 하다보면 다른 데이터와 융합해야 새로운 경쟁상품이 잉태되는 것을 알게 된다. 데이터저축은 직장의 성장 요건이 된다. 그러므로 현대 직장에서 성공하고 싶으면 각종 데이터를 잘 다뤄 가야 하는 것이다. 아마도 미래 직원들은 어느 회사든, 그것이 공적・사적 이익을 추구하는 회사든 간에 데이터베이스 자격증을 취득한 사람들에게 우선적으로 일할 기회를 제공하는 조직으로 변해 갈지도 모른다.

스포츠 경기 데이터는 객관적으로 그 선수의 역량을 드러내게 되므로 그런지도 모른다. 데이터의 중요성을 인식하는 과정이 생각보다는 쉽지 않다. 대부분 리더가 되면 교만해 져서 실패요인이 분석된 데이터를 경시하는 경향을 보이기도 한다.

광고 회사 **운더만 인터내셔널**은 바로 데이터를 중시해서 인재를 배치한다. 인재 활용에서 좋은 성적을 거둔 이 회사는 미래에 장기적인 성장세를 견지하게 될 것이다.

운더만 인터내셔널은 광고로 먹고 사는 미국회사다. 광고회사로 경쟁회사들은 많다. 우리나라의 제일 기획이 경쟁회사라면 경쟁회사다. 미국 내에서는 무려 7천여 명의 직원이 일한다. 하지만 한국 지사에는 20여 명의 직원으로 컨설팅 마케팅 광고를 다한다. **운더만 인터내셔널**은 한국에서는 아직 잘 알려지지 않은 회사이다. 미국에서는 큰 클라이언트 회사들이 잘 아는 회사로서 한국에서는 조용히 비즈니스를 하는 편이다.

맥킨 에릭슨 같은 광고회사가 경쟁사이다. **레오버넷** 같은 광고

맥킨 에릭슨의 클라이언트

회사도 **운더만 인터내셔널**과 한국 광고 시장에서 경쟁 관계를 직·간접적으로 지닌 회사로 평가해도 된다.

레오버넷

실패시 돌아서는 인재와 한 번 더 시도하는 인재가 세상에는 존재한다. 그중에서 후자가 되라. 이것은 인생이라는 전장에서 성공하는 비결이다. 한 번 더하면 분명히 성공의 찬스가 자기에게 오는 데도 불구하고 한 번 더 하지 않음으로서 성취를 못하는 일들이 인생에는 부지기수로 많다.

'한 번 더 다시 시도하라'는 <한 번 더 정신>을 항상 비즈니스에서 적용하려는 그런 직장이 있다. 그 회사가 바로 ASE Korea라는 회사다. 경기도 파주에 이런 회사가 진출하여 있다. 반도체, 전기 전자 제품을 생산하는 대만회사로서 한국에서 비즈니스에 성공하는 과정에 있다.

작은 직장 조직인가. 아니다. 대만에서는 1만여 명의 직원들이 비즈니스를 하는 중이다. 한국에서도 무려 2천여 명의 직원들이 일하는 중이다.

해외에도 상장이 되어 있다. 평가가 좋다. 한국에서도 이 회사 제품은 기술력이 평가받는 좋은 직장이다.

이 직장의 특징은 연구소 조직이 강하다는 점이다. 모토롤라 반도체부분을 1999년에 산다. 그래서 반도체에는 강한 구조의 비즈니스 틀을 지닌 회사이다.

공업용센서는 기업에서 인정을 받는 중이다. 그것만이 아니다. 자동차용 파워 IC도 국제적인 기술 평가가 높다. 이런 회사의 제품은 별도의 홍보가 필요하지 않을 정도로 좋은 직장이다. 이런 기반으로 비즈니스를 하면서 인간적인 풍경을 많이 연출하는 그런 직장이다.

만약 당신이 이 회사에서 인생의 커리어를 시작한다면 인간적인 맛을 체험하면서 일하는 시간을 많이 가질 것이다. 이익만을 추구하는 회사 풍토는 아니다. 하지만 제품 기술력을 향상하려는 의지는 강한편이다. 그래서 연구소 조직에 많은 투자를 하는 직장 풍토를 지니고 있다.

한국 씰마스터라는 직장이야 말로 데이터를 중시하는 풍토를 지닌 곳이다.

미국회사로서 한국에 진출해서 비즈니스를 하는 중이다. 미국에서는 크지만 한국에서는 중소 기업규모로 진출하여 고객회사들의 신뢰를 확보중이다.

커리어를 반도체 장비 엔지니어로 정하고 커리어를 만들어가고 싶다면 이 회사를 천거하고 싶다.

이 회사 경영자는 화공학을 전공한 분으로 자연계 출신들이 비즈니스를 하는데 다소 더 친숙한 분위기의 회사이다. 개인의 개성을 존중하고 미국식 인사 관리를 하는 중소기업으로서 천거하고 싶다.

1979년에 한국에서 창업, Mechanical Seal, Silicon Carbide, Welded Metal Bellows의 설계, 제조 판매를 주로하면서 270명의 직원이 일하는 반도체 진공 장비분야의 기술기반이 좋은 중소기업이다. 미국 Flow serve 사와 합작으로 비즈니스가 진행되는 점도 추천하는 이유 중의 하나이다. 이런 분야의 데이터를 다뤄본 경험을 높이 평가하려는 그런 경향이 높은 직장구조를 지닌 셈이다.

02 강한 성취(成就) 의지가 있어야 나쁜 직장 아니다

인류의 진보를 위한 강한 성취를 지향하는 직장은 좋은 직장이다. 이런 직장은 항상 새로운 목표를 정한다. 새로운 목표를 정해서 그것을 달성하기 위한 노력을 한다. 이런 직장은 좋은 직장이다. 삼성전자는 상당히 강한 성취 지향성을 보유한 직장이다. 그래서 우리는 삼성전자를 좋은 직장으로 보는 것이 무리한 시각이 아니라는 점을 인정하게 될 것이다. 강한 성취지향성이 있다는 것은 그것으로 강한 목표를 달성하고자 하는 의지가 넘친다는 말과 통한다.

데이터를 중시하는 조직 중의 하나는 **브리지스톤 타이어 세일즈 코리아**로 이 직장은 일본 회사이다. 2001년 8월에 한국에서 설립된 이후 상당히 업적이 강해지는 편이다. 한국에서 매년 높은 성장세를 보이고 있다.

한국에서는 30명이 넘는 직원들이 일한다. 작지 않은 회사이다. 일본 본사에는 일만 5천여 명 이상이 일하는 중이다.

아이템은 상품 중개, 도매이다. 고무 타이어를 생산해서 판매한다. 프랑스 미쉐린타이어, 한국타이어 등이 이 회사의 경쟁 직장들이다.

타이어 품질 전문 엔지니어로 일하고자 하는 분들은 이곳에서 인생을 시작하라고 권하고 싶다. 품질 높은 타이어를 생산하는 것을 항상 우선시한다. 순익은 그 다음 문제라고 이들은 생각하는 것이다. 항상 데이터 중에서 과거 데이터를 자세히 보면서 비즈니스를 하는 직장이다. 이런 곳에서 입사하는 과정에서 오라클 데이터베이스를 지닌 인재들은 이런 직장의 어느 부서에 지원을 하더라도 호평의 조건을 가진 직장으로 평가받을 수 있을 것이다.

브리지스톤 타이어 세일즈는 업적은 매우 중요시 하는 회사다. 일본회사답게 열매를 갖고서 모든 일을 평가하려는 경향을 보이는 직장 조직이다. 성취를 수치화 하는 일을 잘하는 것도 능력이다. 이런 습관을 배우려면 **브리지스톤 타이어 세일즈 코리아**에서 일을 시작하라. 그렇게 인생에서 성취를 수치로 잘 표현하는 습관은 당신의 미래에서 보다 더 좋은 커리어 구상을 하는데 도움이 될 것이다. 모든 좋은 직장은 성취 지향의지가 강한 조직들로 구성된다.

영인과학이야 말로 성취지향성이 높은 직장이다. 이런 직장풍토는 성취한 경력을 고용 과정에서 우선적으로 평가하려는 시스템으로 발전하게 할 것이다. 이 직장은 내가 직장구조를 연구하던 1980년 초반부터 주시하던 회사이다. **영인과학**으로 비즈니스를 시작하던 시절부터 중소기업을 희망하는 분들에게 추천하던 회사이다.

크게 욕심내거나, 인접 비즈니스로 함부로 직접 진출을 하지 않는 아주 보수적인 비즈니스 방향을 가진 알찬 중소기업이다.

안티 바디분야인 항체 전문가가 되기를 희망한다면 좋은 선택이 될 것이다. 이 분야는 앞으로 발전가능성이 높다. 면역학, 유전공학을 공부한 분들 중에서 대기업 체질이 아니라고 생각한다면 **영인과학**에 입사해서 항체전문가를 커리어로 설정하고 일하는 것도 좋다.

과학분석 계측장비 전문가를 지향하는 데는 이 회사에서 식품

공학, 농학, 환경공학 전공자들이 유리하다. 지난 시절 멜라민 파동 당시에는 식품 연관 학문을 전공한 이들이 이 분야에서 분주하게 일하는 상황을 만난 적이 있었다.

분석시험 사업 분야는 **영인과학** 그룹이 심도 높게 준비를 하는 비즈니스 분야이다. 다른 중소기업에서 쉽게 시장 진입을 하기 어려운 영역을 하는 중소기업으로서 **영인과학**을 추천한다.

이 회사는 이공학도는 물론 상경분야도 채용하고 자연계전공 여성들에게도 기회가 많다.

가정과 직업을 병행하게 배려해서 출산 휴가 90일 산후를 합하면 120일 출산 휴가를 하는 것이 보장되는 여건으로 여성들에게 권하고 싶은 유망 중소기업이다. 1976년에 설립, 32년의 역사를 지닌 장기 근속자가 많은 기업이다.

"노동은 선량한 양심을 모두 자기편으로 끌어들인다. 즐거움에 탐닉하는 것을 벌써 '기력회복의 욕구'라고 해놓고도 그런 자신을 수치스러워하기 시작한다"

니체

"우리 시간에 거의 전부를 차지하는 직업생활 속에서 우리가 자기 이익을 추구하는 것밖에 아무 규칙도 따르지 않는다면, 어떻게 사심없이 자기를 버리고 희생하려는 성향을 획득할 수 있겠는가"

뒤르켐

"우리 시간에 거의 전부를 차지하는 직업생활 속에서 우리가 자기 이익을 추구하는 것밖에 아무 규칙도 따르지 않는다면, 어떻게 사심없이 자기를 버리고 희생하려는 성향을 획득할 수 있겠는가"

뒤르켐

CHAPTER 02

직장 손자병법

1 직장은 희망을 먹으며 동시에 굴욕을 견디어 내야 하는 곳이다

2 기술력을 강하게 키워라

직장인들은 낮과 밤 일하는 시간의 길이를 인식하면서 직장생활을 선택해야 한다. 새벽시간에 일을 시작해서 밤늦은 시간까지 일을 하는 그런 직장은 나쁜 직장이다. 이런 직장은 직원들의 인생을 힘들게 한다. 체력의 고갈을 가져오게 해서 인생에 멍이 들게 하는 직장이다. 이런 직장을 잘 찾아내서 비판적 시각으로 대처해가야 한다. 이런 대처를 통해서 직장인은 자기인생을 방어하는 노력을 해가야 한다. 한마디로 직장 손자병법을 잘해야 좋은 직업인으로 성장하게 된다.

'좋은 것이 무조건 좋다'는 식의 생각으로 직장을 선택하거나 대하지 말아야 한다. 직장 본질과 속성을 연구하기 시작한 20년 전에 이런 일이 있었다.

그는 한국의 대기업의 부장이었다. 당시에는 부장이 되면 이사되기가 지금처럼 어렵지 않았다. 당시 그는 회사가 제시하는 격무에 시달린다. 직장을 비판적인 시각으로도 보지 않고 체력이 고갈되는 것을 인식하면서도 그는 일한다. 남모르는 사이에 몸이 병든다. 그는 나쁜 직장에서 일하고 있었던 것이다.

그는 그 직장이 자기의 인생을 멍들게 하는 직장이라는 것을 알았지만 이미 늦었다. 그에게 큰 병이 생긴 것이다. 그의 인생은 이사 승진 희망이라는 허망한 굴레에서 멍들어 버린 것이다. 우리가 나쁜 직장에 대해 알아야 하는 이유는 이런 케이스를 알고 미리 예방하고자 함에 있다.

겨우 일백 달러 국민소득이 안 되던 1960년대 초가 지나가고, 우리나라는 1964년도에 최초의 수출 일억 불 달성국가가 된다. 그러던 한국이 이제 세계 12위의 수출국가가 된다.

텅스턴, 오징어 등으로 채운 일억 불의 위업(偉業)을 이룰 당시 한국 국민들은 46년 만에 우리가 수출 강국으로 클 줄은 상상이나 했을까.

이제는 아프리카 르완다에까지 한국은 와이브로 기술을 수출한다. 기술 선진국만이 가능한 과학기술의 수출을 통해서 한국은 아프리카와 친해지려 한다. 아프리카 남아공 월드컵을 개최한 2010년을 맞이하면서 그렇단다.

그것만이 아니다. 전자 인터넷 기술을 발전시킨 한국의 KT라는 회사는 '전자정부'기술을 알제리 정부에 제공하기로 MOU를 맺었다. 이제 한국은 아프리카에 대한 경제외교를 강화해야 하는 시기를 맞이하는 중이다.

'하면 된다'는 정신을 갖고 우리 민족은 분단의 고통을 번영으로 치환(置換)했다. 이제 언제가 다가올 글로벌 일등 국가를 향해 전진하는 역사 속에서 아프리카도 우리가 지배할 시장이다.

인생의 상당 부분은 직장 분위기가 영향을 주게 된다. 그래서 직장 선택은 인생에서 상당히 중요한 일이다. 하지만 많은 청년들은 자기 인생을 걱정하고 준비를 잘하는 그런 인재가 되기를 희망하지만 막상 직장을 선택하려는 순간에는 직장이 자기 인생에 주게 될 임팩트에 대한 생각을 덜 하게 된다. 직장은 인생과 일란성 쌍둥이 같은 존재인데도 말이다. 동전의 앞뒤면 만큼 직장은 개인에게 주는 임팩트가 강하다. 직장은 낮과 밤이 존재하는 곳이다. 직장은 한마디로 규정하기가 힘들다. 그것은 시대의 공기를 먹고 성장하지만 내재적인 힘에 의해서 성장하고 달라지기도 한다. 직장구조를 보는 과정에서 그 회사의 본사 주주들이 주로 속한 나라의 상황을 우선 볼 가치는 충분하다.

2009년 두바이 채무상환 유예 조치로 영국 투자자들이 약 500억불을 두바이에 투자를 하였다가 일부 상환도 못받고 고통을 당했다. 이런 과정에서 영국에 본사를 둔 직장 조직들은 두바이 투자를 당시에 많이 한 조직이라면 상당히 재무적인 리스크에 진입할 수밖에 없는 것이다. 직장의 재무 리스크는 내부로부터 오기도 하지만 이처럼 외부로부터 오기도 한다. 그러므로 직장의 주요투자자들의 국적을 정확하게 알고 직장을 바라보는 시각이 필요한 법이다.

자기 직장을 선택하고 나서 후회하거나, 직장에서 만족스럽지 못한 인생을 경험하게 되는 그런 상황에 들어가게 되기도 한다. 물론 지금 직장을 구하기도 쉽지 않은 상황에서 이런 투정을 하기는 사치일지도 모른다.

고용 경기는 언젠가는 나아질 것이다. 그런 시기를 바라보면 당신들의 직장 선택이 인생에 주는 의미, 행복 지수에 영향을 주는 직장의 여러 제도들을 진지하게 보고 미리 평가해 주는 것도 필요한 일 중의 하나가 될 것이다.

같은 일을 하면서도 자기와 맞는 그런 무드, 그런 직업 환경, 그런 경영진의 비즈니스 행태를 알아가는 것은 당신의 인생을 보다 행복하고 즐겁게 만들어가는데 도움을 줄 것이다.

물장수가 한국에서도 인기 직업인 적이 있었다. 이미 북청 물장수는 이전 시대부터 존재하였지만 현대에 이르러서 물수요가 웰빙 개념으로 변화되면서 물장수가 인기 직업이 되는 중이다.

이집트에서도 물장수는 농부 못지않게 인기를 얻는 직업 같다. 나일강이 주변에 흘러서 이집트에는 물이 많을 것 같지만 그런 것이 아니다. 이집트에는 먹는 물이 오히려 부족하다. 강물은 많은데 흙탕물처럼 더러워진 물이 많아서 식용수로는 부적합하다는 것이다. 그래서 이집트에서는 물장수가 돈을 잘 버는 인기직업이다.

영국이 한 때 이집트를 지배한다. 지배하면서 영국은 나일강의 물을 이용할 권한 비슷한 협약을 이집트와 한다. 이런 역사적인 움직임 덕분에 영국은 나일강 물의 65% 이상을 활용한다. 강을 잘 활용한 나라가 성장을 하듯이 이집트는 지속적인 나름의 성장을 한다. 나름의 성장을 하지만 주변국가 9개 나라는 물을 제대로 활용하지 못하고 나머지 나일강의 물 35%를 나눠서 9개 나라가 이용한다.

특히 에티오피아는 일 년에 약 9개월이 가뭄이 드는 그런 날씨가 지속되지만 멀리만 바라보고 나일강의 물을 제대로 활용하지 못한다. 이런 과정은 물론 이집트에 존재하는 교회의 영향을 받는 이집트인들이 종교적으로 이집트에 있는 교회와의 좋은 관계를 유지하려는 종교적인 입장에서도 나일강의 이용권에 대한 대 이집트를 향한 목소리를 내는 것을 소홀히 한데도 그 원인의 일부가 존재한다. 직장과 인생은 일란성 쌍둥이다.

직장은 희망을 먹으며 굴욕을 견디어 내야 하는 곳이다

직장생활을 한다는 것은 굴욕을 만나면서 이상으로 향한 찰나적인 행진을 한다는 것과 통한다. 그러므로 무수한 판단을 해가야 하는 곳이 직장이다. 직장에서 하나의 판단은 평생간다. 그리고 그것은 이후의 그 개인의 직장생활에 지대한 영향을 제공하는 경우도 많다. 물론 다 그렇다는 것은 아니지만 한번 정한 정책들은 개인의 직장생활에 크고 작은 영향을 주는 것이다.

01 시장 선점(先占) 의식이 필요하다

직장은 시장 선점을 좋아할수록 경쟁력이 커진다. 물시장은 더욱 그렇다. 시장 선점은 그 시장을 먼저 차지하는 것을 말한다. 그러므로 시장 선점 경험이 많은 조직인가를 보고 좋은 직장의 경쟁력을 평가하는 것은 의미있는 일이다. 시장 선점의식이 강해야 좋은 직장을 만들어갈 수 있다.

경쟁(競爭)의 논리 속에서 순환하는 경제가 자본주의다. 이 경쟁에서 밀리는 사람들이 다수 존재한다. 여기서 소금을 필요로 한다. 창조적 자본주의는 바로 소금이 있는 경쟁의 환경을 먹고 자란다.

창조적 자본주의 Creative Capitalism은 이제 지구촌에서 하나의 큰 물줄기가 되어서 퍼지는 중이다. 창조적 자본주의는 많은 직업인들이 시장에 투자를 하고 돈을 벌게 하면서도, 그 번 돈의 일부는 부족한 물질의 여건에서 고생하는 인류에게 자본을 기부하는 식으로 분배하자는 것이다.

서로 간에 번 것을 다 갖지 않고 나누는 모습을 보이는 연예인으로 박상민, 김장훈 같은 가수가 있다. 버는 돈의 거의 대부분을 기부하면서 가수라는 자기 직업을 열정적으로 영위하는 그들의 모습에서 창조적 자본주의의 미학(美學)을 보게 된다.

투자(投資)를 해서 돈을 많이 번 조지 소로스 같은 분들은 번 돈으로 자유와 민주주의를 위한 노력을 하는 단체와 나라에 지원을 하기를 아끼지 않는다.

속세의 직장은 천차만별이다. 행복 우선 경영을 하는 회사도 한 유형의 직장 조직인 것이다. 행복이라는 가치로 시장을 점령한 회사는 오래 유지되고 발전한다. 행복은 누구나 누리고 싶어하는 가치라서 더욱 그렇다.

지금은 셀틱으로 이적했지만 한국의 차두리 선수가 운동했던 분데스리가로 가보자. 분데스리가는 시장선점을 하면서 경쟁력을 가진다. 축구선수 시장을 선점한 결과, 그들은 좋은 경기력을 보인 것이다. 이런 상황은 분데스리가의 경기 수준을 높이는 결과로 나타난 것이다.

차두리는 독일 프로축구 경기인 분데스리가에서 축구를 했다. 그의 직업은 아시다시피 축구선수다. 축구로 밥 먹고 사는 직장에서 일한다. 선수로서의 역할을 최선을 다해서 하고 그는 그만한 대접을 받기를 원한다. 물론 축구 기술을 정교하게 다듬는 그런 노력을 경주해 가야 한다.

시장 점령 현상을 보기 위해서 각 기업들에게 항해를 시작해 보기로 한다.

먼저 분데스리가가 가 있는 독일로 가보면 **로버트 보쉬 기전**이 눈에 들어 올 것이다. 한국에도 진출하여 일하는 중이다. 이 회사는 자동차 부품시장에서 시장을 점령하기 위해서 노력한다. 그런 과정을 심화하다 보니 결국은 시장 점령에 달린 것을 알게 된다. 이런 시장 점유율을 지닌 직장을 방문하는데 동행해 보기로 한다.

BOSCH

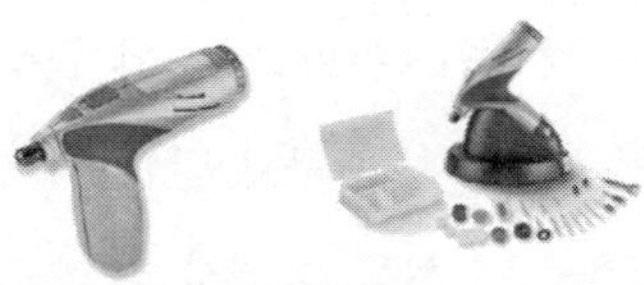

한국 용인에 가면 750명 가량 되는 인원을 가진 회사를 만나게 된다. **로버트 보쉬기전**이다. 독일회사로서 자동차 부품을 주로 만들어서 판매를 하는 직장이다. 남성미가 나는 회사지만 여성들도 근무하기 좋은 그런 무드의 회사이다. 회사는 인본위주의 경영을 한다. 사람 우선 경영이다. 사람대우를 제대로 받으면서 일하고 싶다면 **보쉬**에 가는 것 좋다. 28만 여명의 본사직원을 보유해서 조선 운송장비, 기계 등도 다룬다. 기술 연구소에서는 기계관련 석사를 한 사람들이 일하는 경우가 많다. 기술로 승부를 하는 직장이다.

자동차 산업이 불황이 되면 매출이 하강한다. 호황이 되면 다시 상승하는 구조를 지닌 회사라고 하지 않을 수 없다. 하지만 기술하나는 글로벌 최고다.

필립 폭스 Pllipsfox는 호주 로펌이다. 베트남 호치민시에서 지점을 운영 중이다. 8,300만 여명의 인구를 지닌 베트남 법률시장을 호주 변호사들이 공략 중이다.

이런 상황은 인도에서도 나타날 것이다. 호주는 서비스 시장에서 경쟁력을 지닌 회사로 거듭나기 위해서 국제 변호사들을 지속적으로 양성 중이다.

호주 로스쿨은 판례중심으로 가르치는 시스템이 좋다. 특히 가르치는 학생 수도 많지 않고 발표 기회도 많다. 하지만 문제는 호주에는 법률 소비자들이 적어서 일정한 한계가 있다는 점이다.

그래서 호주 출신 변호사들은 아시아 다른 나라로 일하는 공간을 넓히는 중이다. 이들의 이런 노력은 다른 나라에 자국 로펌의 브랜치를 개설하는 움직임으로 나타난다.

호주는 인구가 그렇게 많은 나라가 아니며, 출산율이 그렇게 높은 구조도 아니다. 그러므로 여러분이 호주의 로스쿨에서 유학을 하고 싶다면 호주에서 변호사로서 일할 기회는 그만큼 쉽지는 않다는 것을 알고 유학을 해야 한다

크다고 무조건 좋은가. 아니다. 어느 직업으로 가든 시장 선점을 해야 한다. 더러는 크지 않아도 경쟁력을 지닌 직장들이 많다. 하지만 로펌은 다르다. 커야 한다. 하기야 한국의 그동안의 로펌들이 작은 규모가 대부분이라서 커져야 하는 당위가 존재하긴 했다.

한국의 렉시, 우현 자산, 세화가 2009년에 통합된다. 첫째 시너지 효과를 통한 시장 선점과 지배를 위해서다. 큰 로펌으로의 변화는 이제 여러분이 로스쿨을 마치고 변호사가 된 후에도 지속될 흐름이다.

미국은 큰 로펌(Lawfirm)의 경우 로펌들의 구성 변호사가 5천여 명이 넘는다고 한다. 아마도 이들은 더욱 변호사 숫자를 늘리는 대형화 로펌으로 향해 할 것이다. 이는 글로벌 로펌 시장에서의 시장 지배(支配)를 위해서다.

둘째 이것만인가. 로펌들의 합종연횡은 전문성을 위해서다. 전문성을 지닌 변호사들을 모아서 로펌의 비즈니스를 경쟁력으로 하려는 전략이 숨어 있다.

로펌 대형화는 이제 국제시장에서의 일거리를 수주하는데 도움이 되는 방향이 될 것이다. 아무래도 미국 로펌과의 경쟁을 위해서는 더욱 그렇다.

'전우치'라는 영화의 여주인공을 맡은 배우 임수정은 말한다. "감독의 상상력은 무궁하다"고.

그렇다. 영화감독은 상상력이 무궁해야 한다. "2012"년이라는 영화가 이런 상상력을 먹고 자란 영화가 아닌가 싶다.

문제는 상상력을 뒷받침해 줄 기술이다. 컴퓨터 그래픽 기술의 발전은 바로 이런 상상력을 뒷받침해 준다. 쥬라기 공원이 바로 그런 기술의 힘을 업고 달려간 영화다. 클리프 행어라는 영화도 컴퓨터 그래픽을 먹고 자란 영화다.

팜므파탈의 연기를 하면서 여배우 임수정은 기술에 놀란 것이다. 그렇다. 기술을 통해서 영화는 다른 모습이 되는 중이다. 이제는 영화에서 연기자들이 연기하는 횟수가 현저히 감소할 것이다.

특별한 경우는 다르지만 영화배우에게 개런티를 적게 줘도 영화가 완성되는 그런 직업 여건이 다가오는 중이다. 이것은 기술의 진보에 기인한 흐름이자 직업 내부의 변화로 인함이다.

속세에서 인기는 높지만 수입이 일정한 싸이클에서 더 멀어지는 영화배우의 직업 여건은 기술의 변화폭이 말해 줄 것이다.

영화는 속세를 상상한다. 영화대로 세상이 전개되는 경우도 속세에서 더러 존재한다. 이는 아이러니가 아닐 수 없다.

그렇지만 속내를 보면 이런 현상은 반드시 아이러니에 그친 이야기라고 하기에는 조금 부족한 구석이 존재한다. 다시 보는 영화 '닥터 지바고'는 의사의 삶의 일부를 그린 영화이지, 의사의 모든 직업 여건을 그린 영화는 아니라는 생각이 든다. 의사라는 직업의 모습을 충분히 그리기에는 아직은 부족한 구석이 존재하는 영화다.

세상에는 의사 말고도 의료 산업에 연관된 직업적인 여건들이 여기저기 보인다. 오마 샤리프의 연기가 압권(壓卷)이라는 평가외에도 눈이 많은 풍광(風光)은 우리를 새로운 시야로 진입하게 한다.

의사는 되기가 쉽지 않지만 한번 되면 평생 동안 일을 할 수 있다는 측면에서 젊은이들이 선호하는 직업이다.

의료분야 직업엔 의사 외에도 다양한 직업이 있다. 그들 중의 하나는 **의무기록사**이다. 기록을 좋아하고 의학 정보에 대한 지식을 갖기를 즐기는 그런 인재들이라면 **의무기록사** 국가자격증에 도전해서 이 분야의 직업을 갖는 것도 생각해 봄직하다.

의무기록사는 환자 개인의 진료 기록을 한다. 질병의 치유과정도 기록된다. 환자에게는 아주 중요한 자료가 정리되는 그런 일을 맡게 된다. 기록을 보고 의사는 병원에서 환자의 질병에 대한 치유를 지속한다.

의학 정보는 상당히 고가로 거래될 수도 있다. 그래서 병원 컨설턴트는 고액 연봉의 소지가 많은 직업이다. 이런 분야로 가서 일하려면 의학을 공부한 후 상당기간 의료 기관의 운영에 개입해서 일하는 커리어가 필요하다.

미국에는 의료정보학이 발달되어 있다. 미국 하버드, 존스 홉킨스 대학 등에 유학하면서 의료 정보학을 수강하고 이 분야를 깊이 있게 공부하면서 의료기관의 일을 하다보면 병원 컨설턴트의 길을 가는데 유리하게 작용할 수 있다.

운동생리학자는 우리가 들어도 다소 생소한 직업이다. 이들은 의학을 공부한 후에 체육학을 같이 학습하면서 이 분야의 길을 가는 것이 가능한 조합이다. 이들은 운동이 인간 체력에 주는 영향력을 의학적인 입장에서 깊이 공부한다. 주로 생리(生理)적인 현상을 과학적으로 접근하면서 일하게 되므로 무엇보다도 개인차가 크다는 것을 인지하게 될 것이다. 운동생리학을 전공한 후에 더러는 **피지컬 트레이너**의 길에 접어들어서 스포츠 구단에 소속되어 일할 수도 있다.

병원에서의 **치료방사선사**의 길도 생각할만한 직업이다. **치료방사선사**는 개인 환자의 몸에 대하여 방사선 촬영 등을 하고 그것을 분석하여 의사들의 진료를 돕는다. 섬세한 기구를 다루면서 정밀하게 일해야 한다. **치료방사선사**는 환자 개인의 질병을 방사선으로 체크한다.

방사선 학과에서 공부하면서 국가자격시험을 거쳐서 자격증을 취득해야 한다. 의료 산업은 복합 산업이다. 거기에서 일하는 직업도 다양하다.

간호사는 나이팅게일의 선서에 부각된 직업 정신으로 무장해서 일하는 직업이다. 대학의 간호학과에 진학해서 공부하고 자격증을 국가에서 취득해야 한다. **간호사**의 할일은 많다. 미국에서는 간호사도 상당히 높은 연봉을 받는다.

환자와 대화를 하고 의사와도 많은 의학적인 내용의 대화를 해가야 한다. 우리나라에는 중소형 병원에서 환자간호를 맞는 간호사가 부족한 상황이 존재한 적이 있다. 중소병원의 경영 상태에 의해서 간호사의 고용 숫자는 다소 달라지므로 간호사가 항상 부족한 고용상황에 직면해 있는 것은 아니다.

최근 로스쿨이 신입생을 모집해서 합격자를 발표하는 지금 의학을 공부해서 의사로서 다양한 임상을 하는 그런 여건을 가진 이들이 로스쿨에 진학하곤 한다. 이들은 의료소송 전문 변호사 직업 시장에 초점을 두고 로스쿨에 진학한다. 의료소송은 생각보다 많지만 한국에 의료소송 전문변호사는 아직은 부족한 상황이다.

의학을 알아야 의료소송 전문변호사의 일을 수임(受任)하는 것이 가능한 이유는 의사의 전문적인 진료 과정에서 환자와 의료진간의 분쟁이 기술적으로 파생하게 됨으로 그런 환경에 놓이게 된다고 할 수 있다.

의료진과 환자는 더러는 치열한 법리, 의료 논쟁을 해야 하는 경우도 있다. 이런 경우에 의학을 학습한 후 다시 로스쿨에서 법학을 공부한 의료소송 전문변호사는 그 역할(役割)이 필요하다.

러시아는 유럽 국가이다. 일정하게 러시아는 자기 고유의 브랜드를 가진 나라로 상징되기도 한다. 대문호를 많이 배출하고, 예술이 발달한 나라로 말이다. 침략전쟁을 많이 한 나라로 인식되는 것도 러시아의 다른 이미지이기도 하다.

러시아는 한-유럽 자유무역 협정 이후에 한국과 더욱 다양한 수출입 거래를 하는 국가로 존재할 것이다. 특히 에너지 자원이 많은 러시아는 한국이 에너지 부족국가라는 자연 여건을 파고들면서 상호의존적인 경제 구조로 나아가는 모습을 보일지도 모른다.

한국인들이 이런 추세 속에서 러시아 유학을 하여 그곳 러시아 변호사 자격을 취득해 두는 것은 불가능한 일인가.

아니다. 가능하다.

한국인들이 러시아에 유학하여 러시아 변호사 자격증을 취득한 분이 있다. 하지만 아직은 미국 변호사 자격증을 취득한 한국인

같이 러시아 자격증을 취득한 한국인들은 소수다. 이 점이 러시아 변호사자격증에 커리어적인 도전을 권하는 이유 중의 하나이다.

한 나라의 이런 상황은 그 나라의 회사들에게 많은 타격을 준다. 영국과 두바이에서는 다른 나라보다 더 법정 관리를 신청하는 회사들이 당시에 늘어났다.

부채가 수입, 자산보다 월등히 많아서 회사가 법정관리에 들어가면 변호사들은 할 일이 많다. 로펌소속 회사 법정관리 전문변호사들은 그 회사의 회계, 법률, 계약 등을 평가한다.

민법 총칙, 채권법, 물권법을 로스쿨에서 유난히 깊이 공부한 후 변호사가 되면 이런 회사 법정관리 전문변호사로서의 미래 커리어를 준비하는데 크게 도움이 될 것이다.

이들은 회사 문제점을 찾고, 회사를 회생시켜서 우량기업으로 변모하게 하는데 법률 지식을 동원하기도 한다. 항상 세밀한 일처리 습성을 지닌 이들이 이 분야의 전문변호사로서 활동하는데 적합성이 높다고 할 것이다.

영국은 로펌이 발달한 나라다. 유럽에서 가장 강한 로펌들이 존재하는 나라가 영국이다. 오랜 역사 속에서 관습법 국가인 영국이지만 소송에 개입해서 일하는 이들이 많다.

영국에는 Clifford Chance International에 가고 싶어 하는 법대생들이 많다. 이들은 이 회사의 장점을 안다. 좋은 직장으로서 브랜드도 **클리포드 찬스**는 지닌 터이다.

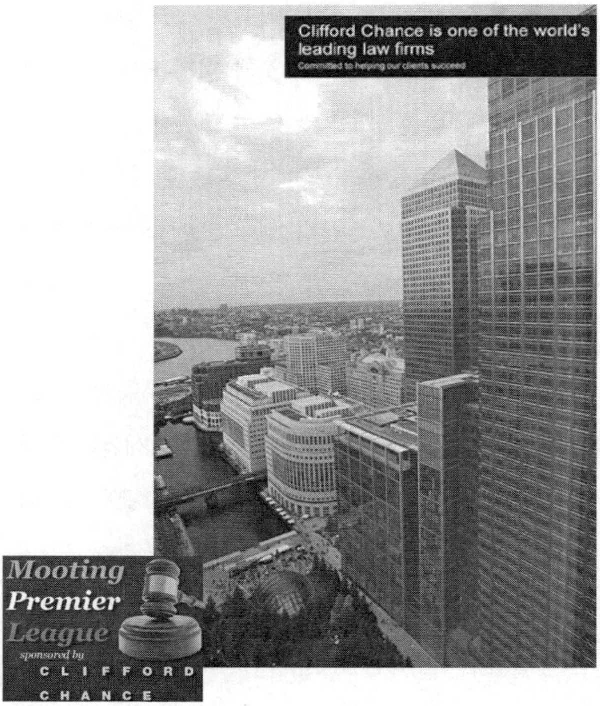

세계 최고의 로펌
클리포드 찬스

클리포드 찬스에서는 변호사 별로 자기 전문분야를 희망하게 하고 그 분야에서 전문가가 되도록 지원하는 특별 커리어 지원 제도가 암묵적으로 존재한다.

한마디로 인재들의 자율의지를 존중하고 그 인재의 스스로 선택한 커리어 방향을 중시하는 기업 풍토를 지닌 직장인 셈이다.

Freshfieldfields Bruchhaus Deringer는 좋은 직장 이미지를 지닌 영국 로펌이다. 이곳에서 금융 전문변호사의 일이 많다. 그도 그럴 것이 영국에는 금융 분쟁이 많다. 이들도 자기 전문 분야에서의 일을 배우고 학습하는데 전폭적인 지원을 받는 편이다.

한국의 법무법인 **중앙**, **김엔장** 같은 로펌들은 변호사 자격을 얻기 원하여 공부하는 로스쿨의 커리큘럼을 유심히 본다. 그리고 자기들의 로펌에서 일할 변호사를 채용하는데 이런 검토 결과를 반영하기도 한다. 소통능력과 배우는 내용을 중시해서 인재를 채용하는 것이다.

페러리걸, 특허행정가, 지적 재산권 행정가, 변리사, 전문 변호사들이 서로 의견교환을 많이 하면서 일한다. 특히 전문 비서직들과 변호사들 간의 커뮤니케이션은 이들 **중앙**, **김엔장** 등의 로펌에서는 상당히 중요시하는 부분이다.

신입 변호사를 채용하는데 이들 로펌에서는 스텝들과의 소통

능력을 많이 보고 채용을 하는 편이다. 이런 추세는 앞으로 강화될 것이다.

이제는 변호사 혼자서 일을 하기는 불가능한 면이 강해지는 중이다. 로펌의 프로젝트들이 증가하는 관계로 해서 서로 소통을 잘해야 유익한 성과를 낼 수 있다는 점을 한국의 로펌들도 깊이 인식한 결과라는 생각이 드는 흐름이 나타나는 중이다. 로스쿨에서 소통 능력을 같이 함양하는 자기 노력이 무엇보다 중요하다.

02 모순과 투쟁하라

세상은 변해서 나쁜 직장의 리더와 좋은 직장의 리더들이 일하는 행태에서 차이가 심해진다.

나쁜 직장에서의 직장생활은 매일 투쟁심을 원한다. 투쟁심 없이는 직장에서 여러 가지 상황에 적응하기가 쉽지 않다.

나쁜 직장과 좋은 직장 리더들의 일하는 행태

나쁜 직장 리더들의 일하는 행태	좋은 직장 리더들의 일하는 행태
새로 심지도 않고 거두려고 하지도 않고 지금에 만족하면서 소극적 비즈니스를 하려고 한다.	적절하게 심고, 적당한 시기에 적절하게 수확하면서 비즈니스를 리드해 간다.
적게 심고서 많은 것을 수확하려고 한다. 실패를 두려워 해서 자기 금 밖으로 나오려고 하지 않는 리더들이 증가하는 모습이 보인다.	많이 심고 많이 거두려고 부지런히 시도한다. 실패를 두려워하지 않고 달린다.

모든 직장이 그런 것은 아니지만 낮 시간에 과일을 매일 직원들에게 주는 회사가 있다. 이런 회사는 직장인들을 행복하게 만들어 낸다. 그래서 이들이 오후 과일 먹는 시간 이후에는 창의적인 생각을 많이 표출하는 빈도가 높다고 말한다. 직장인들에게는 낮과 밤이 존재하듯이 직장이라는 조직도 낮과 밤이 존재한다.

활성화된 노화

2009년에 9% 이상의 고령인구를 지닌 한국.

아마도 2018년 이전에 전체 인구의 14% 이상이 고령자들로 구성된 미래를 만나게 될 것이다.

이는 한마디로 '고령사회'로 접어든 것을 의미한다. 이런 세상이 되면 노인의 부양에 대한 책임이 문제가 된다. 가족 노인부양 부담의 방향으로 갈 것인가, 사회 노인부양 부담 체제로 갈 것인가. 고령자 부양체계를 두고 논쟁이 다수 나타날 것이다. 이는 고령화를 먼저 경험한 일본에서 주로 많이 논의되는 주제들이다.

노인을 업고 갈 것인가. 노인 스스로 걷게 만들 것인가. 이런 담론은 이제 길을 찾아서 다듬어져야 한다. 노인이 스스로 걷게 만들어야 한다.

선진국형 노인복지를 추구하는 길은 노인 활성화 노화정책을 택하는 일부터 시작해야 한다. 65세 이상이 14%를 넘는 인구구조를 갖게 될 한국의 미래 모습은 그렇게 간단히 다룰 주제는 아니다. 복합적인 노인정책이 입안되고 시행되어야 한다.

노년기에도 자기 일을 갖는 개인 전략은 행복을 잉태하는 길과 통한다는 것을 현대인들이 기억해 두는 것이 좋다.

해방 이후 1982년경에 이르는 과정에서 노인 복지정책은 뒷전이었다. 우선 생존이 문제시 되던 시절이라서 더욱 그렇다.

1982년에 유엔 고령자 대회가 열린다. 각국에서 노인정책을 다루는 이들과 고령자들이 참여한다. 이것은 각국의 노인 복지정

책의 시야를 열게 한다. 한국도 이시기에 이르는 기간까지는 노인 정책이 전무하다시피 했다.

그러나 2002년 마드리드 고령자 대회를 필두로 해서 노인 정책은 더욱 다듬어진다. 21세기형 노인정책이 필요로 된다. 물론

1982~2002년까지는 고령자 기초보장, 고령자 의료보장, 고령자 국민연금제도들이 검토되어 만들어진다.

2003년부터 고령자 정책은 상당히 디테일을 담게 된다. 이제는 21세기형 노인의 자립의 길을 향한 정책으로 가지 않을 수 없는 그런 여건이 열린다. 자의적이고 능동적인 결단에 기인한 것이라고 하기보다는 여건에 의해서 이런 정책이 한국에서 만들어진다.

이제는 고령자들의 3분의 2 이상이 자녀와 별개의 공간에서 다른 경제여건에서 생활하는 그런 세상이 온다. 가족 부양책임에서 사회 부양책임으로 노인문제를 안착하게 하려는 국가정책들이 등장한다.

고령자는 이제 에이징Ageism 문제로 다뤄지는 영역을 만나게 된다. 노인을 불편한 대상으로 치부하고 뒷방에 가두려는 그런 움직임이 각 직장기반을 이루게 되는데 이런 환경을 지닌 직장은 나쁜 직장이다.

이런 시대 흐름 속에서 **노인 복지전문가**나 **노인 심리연구원**의 할 일이 많이 증가하게 된다. 선진화된 노인복지를 만들어가기 위한 노인복지정책 전문 관료는 이제 가장 촉망받는 직업이 될 것이다.

03 마이스터 정신을 평생 발휘하라

경쟁률이 3.55대 1이란다. 2010년경의 마이스터 고교 입학경쟁률이 그렇단다. 전국 중학교에서 이제 마이스터 고교 진학 바람이 부는 모양이다.

한 중학교에서는 400명 중 1등을 한 학생이 마이스터 고교에 입학 지원을 한다. 중학교 전교수석이 외고와 과학고를 가지 않고 마이스터 고교로 갔다. 이는 이전에 보기 힘든 광경이다.

전문 기술자인 '마이스터Meister' 고교에 진학하려는 청소년들이 많아져서, 마이스터 고교 진학을 위해서는 하나의 자리에 세 명 이상이 경합(競合)한다는 말이다.

중학생들이 이제 가고 싶어도 마이스터 고교는 아무나 못 간단다. 진학하려면 치열한 경쟁을 거쳐야 한다.

이는 당연한 현상이면서 다행스러운 경쟁률이다. 한국에서 21개 마이스터 고교가 출발하는 2010년 새 학기 이후부터는 중학교에서 마이스터 바람이 더 세게 불어올지도 모른다.

그도 그럴 것이 최근에 우리나라에서 대학을 졸업해도 이제는 약 40%만이 일자리를 찾아가는 그런 상황이 전개되자 청소년들이 이것이 의미하는 바를 제대로 인식하기 시작한 것이라는 생각이 든다.

아울러, 대학졸업자라도 취업자의 반(半)이 비정규직을 찾아가는 길밖에 없는 고용 여건이라는 것을 이제 우리의 중학생 학부모들도 아는 흐름에서 이런 경쟁률로 나타나는 중이라는 분석도 가능하다.

한국 상장사협의회의 통계가 말한다. 최근 우리나라 상장기업이 지난 5년간 24% 매출 성장을 하는 기간 동안 그들 직원들은 2% 감소한 것으로 나타난다.

다시 말해서 '고용없는 성장' 현상이 한국의 직장조직에서 일반화되는 중이다.

이런 현상은 아마도 학문을 연구하고 이제 직업을 준비하는 과정으로서의 대학진학을 추구하던 한국 청소년들의 진로 선택 패턴에서의 변화를 가져올 것이다.

대안으로 투트랙 진로 설계가 필요하다고 본다. 다시 말해서 이는 마이스터냐, 대학을 졸업해서 직업을 가질 것인가를 선택하는 투트랙이 그 내용이 될 것이다.

투트랙(Two Track)으로 커리어 디자인을 하도록 하는 노력은 학생 개인을 위해서 이제 중학교에서부터 시작할 가치가 있다고 본다.

중학교를 마치기 전 시기에 이미 그 인재의 커리어 방향이 준비되게 우리나라의 진로 트랙을 투트랙으로 재편(再編)할 필요가 있다. 투트랙의 내용은 이렇다. 인재 중 일부는 대학에 진학하지만, 일부는 마이스터 고교 등의 진학을 통한 마이스터화 인재전략의 교육정책을 채택하는 것이 그것이다.

이는 대학만을 바라보고 커리어 항해를 하게 한 지금까지의 원트랙(One Track)에서의 변화이다.

우리나라 청소년들의 진로 선택시스템이 투트랙으로 가야 미래의 직업시장 변화와 호흡을 맞추는 일이 더 가능하다고 본다.

앞으로 모든 직장조직에서 전문기술자 일자리는 많아지지만 관리직은 소수화되는 직업시장의 내부 변화의 방향이 더 심화될 것이다.

직업 시장수요에 미래의 인재정책이 적절히 반응하는데 투 트랙 정책이 더 적합할지도 모른다.

한마디로 대졸인력이 노동시장에서 그렇게 많이 필요하지 않고, 오히려 마이스터들이 더 필요한 세상이 온다는 말이다. 제도적으로 우리나라에서도 마이스터들이 기업CEO, 이사도 되면서 대졸인력과 차별받지 않는 직장조직 환경의 개혁(改革)이 나타나야 마이스터 고교와 투트랙 제도가 더 성공하지 않겠는가 싶다. 마이스터 정신으로 일해야 나쁜 직장에서도 자기가 필요한 커리어를 경험할 수 있다.

세계 최고의 베어링 회사로 독일의 셰필드와 일본의 NSK

베어링이 대단한 제품이다. 7만 명의 직원을 거느린 회사를 만들어내다니…. 그것도 연 5조 원 시장의 매출을 올리다니…. 다른 회사의 이야기가 아니다. 바로 독일의 **셰필드**라는 회사의 이야기다. 한국은 7천억 원의 연매출을 올린다. 1,700명의 직원들이 올린 매출이다. 원래는 한화 그룹이었지만 독일 회사가 산다.

경쟁회사는 존재하는가. 존재한다. 그것은 바로 일본의 NSK이다. 이 회사는 셰필드에 이어서 두 번째로 큰 회사다. 이직이 거의 없는 회사로 유명한 직장이 바로 NSK이다. 인생에서 편안하게 생활하고 싶은가. **셰필드**, 일본의 NSK 같은 회사에 입사를 희망하라. 셰필드는 독일의 헤르조그 나흐라는 중소도시에 위치한 회사이다.

커스터머는 자동차 부품 등이 6할, 산업용 기기가 4할이다. 자동차 부품을 만드는 **모비스** 같은 회사가 주요 고객 회사이다. 중국 시장이 아시아에서 가장 큰 자동차 시장이고 한국이 다음이다.

서울의 을지로로 들어가는 길의 삼성화재 빌딩에 위치한 **셰필드**는 조용한 회사이다. 하지만 알차다. 특이한 점은 한국어 능력검정시험을 본다는 점이다. 이 회사 한국 지사장이 그것을 보자고 한 것이다. 영어 테스트도 하지만 한국어를 잘하는 것을 평가해서 한국에서 신입을 채용하려는 테스트 방식을 유지한다는 점이 다르다.

이런 점을 생각해서 인생구상을 하기 바란다. 매출도 상승하지만 기술도 진정으로 발전하는 모습의 행태를 지닌 좋은 직장이기 때문이다.

2

기술력을 강하게 키워라

착한 직장에서 성공하고 싶다면 기술력을 키우는데 집중하기 바란다. 그래야 부정한 방법을 이겨내면서 바른 방법으로 승부할 수 있다.

착한 직장, '**스트라이커**'란 회사를 보자.

인생이 뭐냐. 인내심으로 만들어가는 작품이 인생이다. 그렇다. 많은 인내심이 필요한 것이 인생인지도 모른다는 생각을 하게 하는 직장이 있다. 정형외과 기술을 통해서 비즈니스를 하는 회사가 바로 **스트라이커**다. 기술력이 강한 이 회사는 좋은 직장이다.

존슨엔 존슨 메디컬은 같은 의용 분야의 회사이지만 다른 영역으로 서로 경쟁하기도 한다. **스트라이커**는 의용 분야에서 두각을 처음부터 드러낸 회사이다.

바스프 코리아는 기술력을 가장 우선해서 인재를 운영하는 좋은 직장이다.

프랑크푸르트에 본사와 공장이 존재한다. 한국은 대전에 연구소가 있다. 전형적인 화학 회사이다. 대전 연구소에서 박사를 채용하는 일은 흔하지 않다. 학사 출신이 입사해서 커가는 구조다. 2년 이상 일하면 프로세스 엔지니어가 되고 15년 일하면 프랜트

바스프 여수 스팀공장
(여수=연합뉴스)

매니저인 부장이 된다. 늦어지는 경우도 존재한다. 20년 정도 되면

한국의 바스프 울산 화성공장

프랜트 디렉터가 된다.

좋은 직장 **바스프**는 화학회사로서 자기 기술을 연구하는 연구

145년 전통 종합화학회사 獨바스프 루드비히스하펜 공장

소가 강하다. 많은 독일 기업이 그렇듯이 게르만 족 특유의 연구력을 발휘한다. 이 연구 결과는 제품으로 연결된다. **바스프** 제품들은 연관기업들과 소비자들의 호평을 받는다.

나이키라는 직장을 보자.

나이키 모델은 어디서든지 발견할 수 있다. 그것은 나이키가 소비자들의 생활에 밀착해서 비즈니스를 하는 브랜드라는 것을 알게 해주는 그들의 홍보 전략이 먹히는 중이라는 것을 말하는 것이다.

타이거 우즈가 무명 시절에 그에게 투자한다. 스포츠 경기를

하는 시간에 나이키의 문양이 새겨진 골프 옷을 입고 경기를 하라고 한다. 적은 금액으로 나이키는 타이거 우즈와 이런 계약을 맺는다. 그 후 얼마 지나지 않아서 타이거 우즈는 LPGA에서 연거푸 우승을 한다. 나이키 마크는 전 골프 애호가들을 통해서 글로벌 시장에 잘 알려진다.

나이키브랜드는 이렇게 해서 뜬다. **나이키**의 성취는 스포츠 마케팅을 해서 더욱 빛을 발한다. **나이키**에서 인생을 변화시키는 기술을 배우기란 어려운 일은 아니다.

하이하나 주식회사는 기술연구와 마켓팅 데이터를 저축하는 편이다. 이 회사는 스웨덴 회사이다. 크레인을 주로 한다. 유압 크레인 설계직을 주로 많이 채용한다. 여유롭게 일하면서 인생을 구상하고 싶은 이들에게는 권하고 싶다. 스웨덴 본사에는 1,100명 이상의 직원이 글로벌 비즈니스를 한다. 상당히 큰 회사이지만 한국에서는 소수다. 일은 지속적으로 이뤄진다. 직진 크레인, 집게 크레인의 일이 많다.

쿨스 코리아는 우리나라가 일제로부터 독립운동을 하던 시기에 태동한 회사다. 1919년 3.1만세 운동을 하던 시기에 로봇 시스템에 관련된 기기를 다루면서 태동한다. 독일 회사로서 기술기반이 좋은 특징을 지닌 회사이다. 아크 용접기를 판매하는 일도 이들의 일이다. 창원은 기술이 좋은 회사가 많다. 이런 회사들의 틈바구니에서 일한다.

데스코 만큼 데이터를 중시하는 회사는 드물다. 이 회사는 영국회사이다. 주민들과 항상 대화의 문이 열린 회사이다. 영국에서는 새로운 유통업체가 하나의 거리에 들어가는 과정에서는 미리 이를 공지한다. 한국에서처럼 비밀주의를 택하는 것은 아니다. 항상 대화한다. 이전에 업체들과 공존하면서 비즈니스를 하게 하는 것이 데스코의 정책이다.

이들은 한국과는 다른 패턴으로 비즈니스를 하는 셈이다. 한국의 유통 회사들은 이런 경우가 드물다. 서로 이겨야 사는 그런 구조를 지닌 비즈니스 행태를 가진 나라가 한국의 유통업체의 여건이다. 이런 과정을 통해서 비즈니스를 보다 심도 있게 하는 것이다.

다른 회사를 존중하면서 **데스코**가 비즈니스를 하는 것은 오랜 전통이다. 한국에는 삼성과 합작으로 **삼성 데스코**의 이름으로 진출해서 비즈니스를 하는 중이다.

삼면이 바다인 우리나라 여건에서 해운 비즈니스는 불가피하다. 국부 창출 산업으로 말이다. 아마 그래서 해운 8대 강국으로 성장한 모양이다.

그도 그렇게 될 수밖에 없는 것이 우리나라의 2008년도 경제가 92%가 수출입에서 파생된다. 내수가 침체된 상태에서 어쩔 수 없다손 치더라도 너무 높다.

2014년이 되면 우리나라는 8위의 무역 국가로 성장하게 될 것이다. 이런 상황은 배를 빌리는 용선계약을 다수 발생시킨다.

용선 전문가들은 배를 빌리고 배를 사고파는 일에서 전문적인 역량을 발휘하게 된다.

영국 런던에 가면 **용선 차다드 전문인**들이 많이 일한다.

용선 차다드 전문인들은 해운 운송회사에 소속되어 일하기도 하지만 용선 브로커로서 자기회사를 본인이 소규모 조직으로 운영하면서 일한다.

용선의 일은 임대료, 배의 하자 파생시 손해배상 등의 문제를 다룬다. 국제해상법, 계약법을 공부하는 과정에서보다 정성을 기울이면 이 분야 전문역할을 하는데 도움이 될 것이다.

이익을 다루는 곳에는 분쟁이 존재한다. 맞는 말이다. 이익을 보는 과정보다는 손해가 파생되면 더욱 분쟁을 다루기는 쉽지 않다.

바로 이런 현장에 개입해서 일하는 이들이 있다. 금융 상품 판매 과정에서 그 사항을 인지하게 했느니 안했느니 분쟁이 파생 시 이에 개입해서 일하는 변호사가 **금융상품 분쟁 전문변호사**다.

골드만 삭스, 국민은행 같은 은행들과 조인해서 일하는 경우가 많다. 금융상품 분쟁은 이들 은행에서 생기는 경우가 많기에 그렇다.

금융 통합법을 공부하면서 리걸 마인드를 함양하는 노력이 긴요하다. 상법, 상거래 연관 법률을 평소에 열심히 해두면 이 분야의 전문가로 입지를 만들어갈 수 있다.

지금 금융권에서 금융 상품을 판매하는 금융 영업의 경험을 가진 2~3년차 젊은이라면 로스쿨에 진학해서 이 분야를 자신의 커리어 특징을 발휘하는 전문영역으로 정할 수도 있다.

생각보다 선물, 옵션 등의 파생 금융 상품거래에서 분쟁이 자주 발생하는 편이다.

04 반복 훈련하라

직장인의 성공은 하나 차이인 경우가 많다. 자기가 가장 잘하는 일을 반복 훈련하라. 하나 차이를 극복하고 싶으면 말이다.

이승엽은 야구선수다. 그는 좋은 타격을 위해서 밤에 잠을 자면서도 연습을 한다고 한다. 항상 좋은 타격을 위한 그의 집념은 잠을 자면서도 지속된다니 놀라운 일이다.

이승엽은 그래서 일본에서 고액의 연봉을 받는 타자다.

메이저리그는 미국, 유럽 자본이 많이 투자된 시장이다. 연봉협상은 그 선수의 지난 경기 필름을 보면서 진행되기도 한다.

야구 기록이 지닌 의미를 잘 알아야 한다. 그래야 스포츠 선수의 입단 과정에서 법적인 자문을 효과적으로 하기에 유리하다.

변호사과정을 위한 로스쿨을 하면서 알렉스로드리게스, 박찬호, 추신수의 기록을 공부하고 학습해 두는 것이 필요하다.

민사 계약의 원칙에 의해서 스포츠 선수의 구단과의 계약이 이뤄지는 연고로 인하여 **스포츠 국제계약변호사**들은 외국어에 능통하고 국제 계약을 영어로 작성하는데 대한 훈련을 로스쿨 재학중에 많이 다듬어 두는 것도 좋은 일이다

성형을 한 여대생이 성형 전보다 얼굴을 망친다. 그런 일이 자주 일어나는 것은 아니고 누구의 잘못으로 인하여 이런 상황이 파생한지도 모른 경우에 하소연을 할 곳이 쉽지 않다.

여대생의 부모들은 법적인 다툼에 문제를 걸기로 한다. 이 경우에 개입해서 여대생의 입장에서 법적으로 손해배상소송을 진행하는 일을 하는 이가 **의료분쟁 전문변호사**다.

생각보다 복잡하게 소송은 진행된다. 성형과정의 모든 조치들이 검토된다. 의과대학을 마치고 바로 로스쿨에 진학하면 이 분야의 전문가로 일하는데 도움이 될 것이다.

의사 자격증을 취득하고 인턴, 레지턴트 과정을 거친 후 로스쿨에 입학하는 것도 좋지만 반드시 그럴 필요는 없다.

의료분쟁은 전문적으로 다뤄지는 분쟁이라서 의료진의 자문 진술을 듣기도 하지만 의학도가 직접 로스쿨에서 변호사 과정을 공부하면서 의료법, 소송 연관법을 주로 학습하면 이 분야로 진출하는데 도움이 될 것이다.

바다에서 비즈니스가 이뤄지는 산업이 수산업이다. 이런 수산업 영역에서 파생하는 법률문제를 다뤄가는 변호사가 수산업 전문변호사이다. 우리나라는 이런 분야의 전문가수요가 증가할 것이다. 이제 수산업은 국민 식량의 보고(寶庫)가 될 것이라서 더욱 그렇다. 이들은 다양한 수산 분쟁 판례도 많이 다루게 될 것이다. 이를테면 이렇다.

우리나라 대법원 판례 86도 1002판례에 의하면 홍합 양식 면허를 받은 사람이 실제로는 굴을 양식한 것이 발견되어 수산업법 제89조에 의거 형사 입건된다. 이 건에 대하여 우리나라 대법원은 1986년의 판결에 의해서 '양식 면허는 반드시 양식물의 종류를 특정하여 받아야 하고, 그 면허를 받은 양식물 이외의 양식물을 그 면허장에서 양식하거나 채포하는 행위는 금지된다'고 판결요지에서 밝히고 있다. 이 판결은 상당히 오랫동안 변호사, 검사들이 법리논쟁을 한 케이스이다. 바로 이처럼 수산업관련 계쟁사건은 많이 파생한다. 삼면이 바다인 우리나라에서 수산업은 주요한 생업 영역이라서 더욱 이런 여건은 앞으로도 주목을 받게 될 것이다.

이런 수산업 분야에서 어민들을 위한 법률 조력, 변호의 일을 하는 변호사를 수산업법 전문변호사라고 한다. 이런 분야의 전문 영역의 변호사의 일은 생각보다 많다. 하지만 전문변호사는 우리나라에 그렇게 생각만큼 충분하지 않다.

우리나라의 수산업 관련법은 다양하고 많다. 고기를 바다에서 어획하는 것을 어업권이라고 한다. 어업권은 일정한 절차를 거쳐서 취득된다. 어업권을 취득한 어부들은 어업권 취득일로부터 1년 이내에 어업권을 개시해야 한다. 고기잡이를 시작해야 된다는 말이다. 그것만이 아니다. 1년 이상 휴업을 어부들이 하고 싶다면 휴업 기간을 정해서 군수, 시장, 구청장에게 신고해야 한다고 한다. 어업권의 규정들이 이러한데 어부들이 이런 규정을 잘 모르고 어업권 소송이 걸리면 바로 **수산업 전문변호사**들이 개입해서 소송을 다뤄 주게 된다.

어업권은 어류 등 양식어업, 마을어업, 협동양식어업, 복합양식어업, 패류양식어업, 해조류양식어업, 정치망어업 등을 말하는데 이들 어업권에 대한 규정에 대한 지식이 부족한 어부들이 많다. 이런 분들을 위한 법률 상담의 일도 **수산업 전문변호사**들이 할

일 중에 하나다.

섬나라인 일본의 경우 이들 **수산업 전문변호사**들의 할 일이 많고 다루는 사건도 다양하다.

수산업이 비교적 발달한 일본은 정책적으로 한국 남해안에 한국어부들이 어획한 생선을 바다에서 매입한 후 자기나라의 바다 목장으로 가져가서 다시 생육시키고 키워서 타국에 더 많은 이익을 보고 되파는 일을 해서 국부를 창출하는데 성공하고 있다. 이들이 그렇게 성공할 수 있었던 것은 여러 노력이 가미된 덕분이다. 그중에서 하나의 정책기조는 이것이다.

해양 환경보호 정책인 'Marine Ecotopia 21'이다. 바다 환경을 최대한 잘 보호하고 만들어서 기르는 양식에서 성공하려는 국가전략이다. 내수면과 일본 해역의 보호에 많은 정책적인 노력을 경주하는 중이다. 갯벌의 조성, 진흙의 준설 등이 이런 정책 기조 속에서 이뤄지는 중이다. 일본 수산기본법은 2001년에 만들어진다. 이는 일본 어업의 환경 변화에 기인한다. 다시 말하자면 당시 일본 어부들의 고령화가 너무 신속히 진행된 것이다. 일본 근해 수산자원의 고갈도 한 몫 한다. 더구나 중-일, 한-일 어업협정 등으로 인한 일본 어부들의 직업 여건의 변화 속에서 어부라는 직업인 보호를 위한 일본정책 당국의 배려로 이 법안이 입안된다. 이 법의 입안과정에서 일본의 자민당과 야당인 민주당 등은 현장의 어부들의 의견을 청취함은 물론 일본의 수산업 전문변호사들의 의견 청취를 지속적으로 하게 된다. 이런 과정을 거쳐서 일본의 수산업의 미래는 만들어지게 될 것이다. 일본의 로스쿨은 제도 도입 이후 인기가 시들해지는 중이다. 미국의 로스쿨 제도가 성공하는데 비해, 일본의 로스쿨 제도는 인기를 못 얻는 중이다. 일본의 변호사 직업세계에서 그래도 비교적 활발한 사건 수임 변호사에는 수산분야 전문변호사가 많다는 점은 한국 로스쿨 출신들에게는 미래에 시사점을 제공하게 될 것이다.

어부들의 권익 보호를 위해서 인생의 상당부분을 헌신하고자 하는 직업의식을 지닌 젊은이라면 수산업 전문변호사의 길을 가면 보람이 있을 것이다.

세계 인권선언이 채택된 시기가 바로 1948년 12월 10일 늦은 밤이다. 범지구적인 시각에서 인권을 보호하고 지키자는 의미에서 이 선언이 만들어진다. 물론 유엔에서 이런 선언이 등장한 것이다. 이를 만든 이는 중국의 피씨 창(P. C. Chang)부의장, 미국의 일리노어 루스벨트(Eleanor Roosevelt)의장 등이다. 이들은 유엔 인권위원회를 만들어서 활동을 하여 이런 선언을 만든 것이다.

이 유엔 인권 선언에는 보건치료를 받을 자유, 공포로부터 자유로울 권리, 시민적 자유, 정치적 참여의 자유 등이 담겨 있다.

그래서 각국은 이런 틀 안에서 자유를 보장하기 위한 규정을 자국의 헌법에 지속적으로 반영하는 중이다.

인권은 한마디로 인간의 권리를 말한다. 이런 인간의 권리는 바로 정치적인 자유, 사회적인 자유, 경제적인 자유로부터 잉태될 수 있다. 하지만 구체적으로 들어가면 인권은 상당히 유린되는 것이 국제 현실이다. 이런 여건에서 국제적으로 인권 유린에 대하여 투쟁하고 인권보호를 위한 국제적인 변론을 하는 직업인이 바로 **국제인권 변호사**의 일이다.

이런 직업을 가지려면 미국이나 일본의 로스쿨에 진학해서 공부하는 것도 한 방법이다. 하지만 한국의 로스쿨에 진학하여 외국어를 익히고 국제 인권보호를 위한 지식 기반을 갖춘다면 **국제인권 변호사**의 진로로 진입해서 활동이 가능하다.

국제인권 변호사의 일은 이런 국제협약을 참조하면서 일하게 된다. 약 100개국 이상이 가입한 '고문 방지에 관한 협약' 약 190개 국가가 가입한 아동의 권리에 관한 협약을, 160개국이 가입한 여성차별 철폐에 대한 협약을 기준으로 일들이 이뤄진다. 그러므로 국제인권 동향에 항상 민감하게 공부하면서 자기 직업역량을 가다듬어 가면서 학습해야 한다. 이들은 1990년에 유엔이 만든 두개의 국제형사 재판소에서 일할 기회도 존재한다. 전쟁, 인권에

반하는 국제범죄를 다루는 재판소이다. 이런 곳은 국제 인권침해 이슈를 갖고 이를 다루는 국제 형사법적 접근을 한다.

이런 국제 형사재판소가 늦게라도 생긴 것은 국제적인 인권 침해 건에 대하여 재판을 하는데 근거가 국제법적으로 부족한 것이 인류역사의 현실이 보여준 것을 반성한 터전 위에서 생성된 것이다. 그것이 바로 제1차, 2차 대전 후 독일, 일본, 이탈리아 등의 전쟁 책임을 묻기 위한 국제 형사법적 행동을 하는데 법이 국제적으로, 제도적으로 불비한데서 반성적 교훈의 덕분인지도 모른다.

이는 국제적인 인권 침해를 보고도 국제적 형사 절차를 진행하지 못한 지난 역사를 통한의 과정을 다시 밟지 않으려는 유엔의 태도가 반영된 것이다. 하여튼 **국제인권 변호사**의 길은 갈수록 다양하게 펼쳐져서 1990년대 진행된 보스니아, 르완다에서의 국제인권침해의 일은 이들이 맡아서 다루게 된다. 국제인권침해의 현장에 가서 **국제인권 변호사**들은 피해자들의 법익을 보호하는 일을 맡게 될 것이다. 국제 정치문제에 관심이 많고 인류 개개인의 법익을 보호하는 일을 가치있게 생각하는 청년들에게는 한번 권하고 싶은 직업이다. 현대화되어도 국제인권 침해 케이스는 갈수록 지능화 되고 다양화 될 것이다. 이들 현장에서 피해자의 권리구제를 위한 활동을 자기직업으로 정하고 노력하는 일은 가치가

Jatco

JATCO Korea
Engineering Corp.

높은 일이 아닐 수 없다. 변호사도 자기가 가장 자신있는 분야의 직업역량 함양을 위한 연습을 지속적으로 반복할 가치가 있다.

직장은 인권을 위한 여러 활동도 가능한 공간을 제공하기도 한다.

자트코 코리아는 자동차 기술 회사이다. 데이터를 중시한다. 일본 닛산 자동차의 기술은 여기서 연구된다.

자동변속기어 기술이 여기서 탐구되는 것이다. 서울에 온 후 거의 200명에 이르는 연구원들이 일한다. 상당한 기술력으로 준비된 그런 회사이다. 기술력으로 인해 **자트코**는 좋은 직장으로 평가된다.

타타 그룹만큼 데이터를 중시하는 회사는 만나기 어렵다. 타타는 인도 회사이다. 애국심으로 성장한다. 철강, 직물, 화학 등의 다양한 회사를 가진 **타타 그룹**은 영국으로부터 인도가 광복을 찾은 이후, 최근에는 외국인들을 조금씩은 어느 종에서도 채용하는 중이다. 국제화를 위한 걸음인 셈이다.

인도 자동차 회사 타타

에코에너지 엔지니어는 저탄소 신재생 에너지를 만들어내는 일에 관여하면서 일한다. 스웨덴이 이 분야의 기술이 가장 발달한 나라 중의 하나다. 한국에서도 2013년부터 음식물 등의 해양 폐기가 금지되어서 이제는 음식물쓰레기도 바이오 가스 등으로 전환되어야 한다. 스웨덴에서는 이런 분야의 직업인이 가장 전망 좋은 직업이다. 바이오 가스를 통해서 자동차, 기차 운행이 가능한 나라가 스웨덴이다. 영어로는 Eco Energy Engineer라고 불린다. 에너지 과학과에 진학해서 공부한 후 이런 좋은 직장으로 가는 것이 좋다.

05 시야를 키워라

스포츠 구단 대변인제도를 보라. 직장에서 성공하고 싶으면 직업에 대한 시야를 평생 키워가라.

야구, 농구, 축구 등 스포츠 구단은 구단 대변인을 두는 경우가 태반이다. 이들은 구단에 새로 영입할 선수동정을 구단명의로 알리거나, 구단의 공식 브리핑을 하는 일을 한다. 아시아 지역의 구단들은 아직 이런 구단 대변인제도를 두는 경우는 소수다. 이런 직업은 외국어 능통하고, 언론 홍보학과에서 공부한 후에 진출하면 좋은 그런 분야이다. 영국, 미국, 일본에 이런 직업인은 고소득 직업이다.

전문 중재인을 보라.

미국에 이런 이색 직업인이 많다. 영어로는 Professional Mediator 라고 부른다. 소송으로 가기 전에 서로 중재를 통해서 화해하게 하는 일을 한다. 스피치, 커뮤니케이션을 배워야 한다. 법학을 전공한 후에 이런 분야로 가면 더욱 좋다. 분쟁이 많고 사소한 언행도 법적인 문제로 가져가려는 미국인들의 취향에선 이런 시야를 키워야 하는 이색 직업은 점점 커지는 중이다.

모바일 마네킹모델 디자이너는 움직이는 마네킹 모델을 만들어 내는 일을 한다. 디자인을 주로 하므로 미학적인 감각이 좋아야 한다. 프랑스에 이런 직업인들이 많다. 조형학과를 전공한 후 이런 분야로 가기에 가장 적합하다. 상상력이 풍부한 인재라면 남녀 누구나 진출이 가능하다. 프랑스는 패션쇼가 다른 나라보다 많다는 점도 유의해 봐야 할 내용이다.

복권 디자이너는 복권을 만드는 일을 한다. 색채 감각이 좋을수록 적합한 직업이다. 복권을 보고 사행심이 생기게 디자인하는 기술이 요구된다. 산업미술학과에 진학해서 공부한 후 이런 직업인을 바라보는 것도 필요하다.

피지컬 트레이너는 육체지수를 평가하는 일과 체력 증강을 위한 훈련을 시킨다. 물론 이를 위해서는 개인의 체력에 대한 정밀한 관찰을 한다. 부상당한 선수의 회복 과정을 정밀하게 체크하는 것도 하나의 일이다. 이탈리아에 이런 직업인이 많다. 의학을 전공한 후 이런 분야로 진출이 가능하지만, 운동 생리학을 병행해서 공부하여야 한다. 이탈리아 세리에 A 리그에서 이들은 활약을 많이 하는 이색 직업인이다

용선 브로커는 원래 배를 빌리는 일을 한다.

이들은 한진 해운, 머스크 같은 좋은 직장에 소속되어 일한다. 선박을 가진 국적선사와 접촉을 많이 한다. 해운 비즈니스가 발전한 영국에 이런 이색 직업인이 많다. Shipping Rental Broker는 외국어에 능통해야 한다. 외국인들이 배를 빌리러 오는 경우가 많다.

선박 공학과에서 공부하면서 해외 선박정보를 학습한 후 이런 직업을 갖는 것이 가능하다.

나이트클럽 마케팅 매니저를 보자. 호텔에 나이트클럽이 소속되어 있는 경우라면 그들은 분주한 상황에 노출되는 빈도가 올라갈 것이다. 이들 호텔 **나이트클럽 마케팅 매니저**들의 일은 다양하다.

이들은 호텔의 나이트클럽의 매출을 올리기 위한 영업인이다. 언변과 섭외력이 좋아야 한다. 이벤트 학과에서 공부한 후 이런 직업에 가는 것이 좋다. 미국에 가장 발달한 직업 중의 하나다. 미국은 10대부터 나이트클럽에서 이성을 사귀는 경우가 많아서 이런 직업인이 수입도 좋은 편이다.

정책은 정치인의 밥이다. 맞는 이야기다. 정책으로 정치인은 말한다. 정책을 통해서 그들은 일한다. 정책이 변경되면 그 직장이

흥하고, 정책이 변화되면 그 직장 조직이 망하는 그런 형태를 보이는 경우가 많다. 정책변경에 지나치게 반응을 보일 필요가 없는 직장이 착한 직장이다. 그러나 정책 변경에 민감하지 않을 수 없는 것이 현대 직장조직인지도 모른다.

정치인이라는 직업은 무슨 컨텐츠를 주로 해가야 하는가. 그것은 한마디로 정책(政策)이다. 그들의 정책선택은 국가 백년대계에 영향을 주기에 그렇다. 정치인의 밥은 정책이라는 말이다. 밥을 잘해야 평가받는 전문정치인이 된다.

정치인, 그들이 세워둔 기둥과 그들이 뿌려둔 정책의 씨앗이 언젠가는 자라서 그 나라 국민들의 생활에 영향을 주기에 더욱 그러하다.

예를 들면 이렇다. 스페인은 2009년 무역 적자가 심했다. 그렇다고 자국의 화폐를 활용한 통화정책을 적용해서 환율을 조정하거나 내수경제를 유인하기가 어렵다.

유로화제도 때문이다. 그래서 스페인 국민들은 유로화의 장점에도 불구하고 유로화동맹에 정치적으로 가입한 것을 후회하는 중이다.

자국화폐를 유로화로 전환하던 과정의 난해함에 피로가 와서도 아니다. 이제 유럽은 하나의 합중국 비슷하게 시장이 통합되는 과정에서 이를 거스르기가 만만한 일이 아니라서 그렇다. 스페인은 세계 8위의 경제국가라서 더욱 그렇다.

27개국이 EU로 통합되는 과정에서 시장, 화폐 그리고 동유럽 국가의 정치적 통합이 되는 과정에 어려움을 극복했다지만 아직 넘어야 할 장벽은 많다. 스페인의 경우 정치인들이 선택한 유로화로의 전환정책이 과연 스페인 경제 국익에 맞는 정책선택이었는지는 두고두고 회자(膾炙)되는 논쟁거리가 될 것이다. 특히 2010년을 넘기면서 더욱 그렇다.

브라질은 다시 회복되는 경제여건을 만난다. BGX라는 회사는 우리 돈으로 33조원의 자산 가치를 지닌 회사이다. 석유 개발회사 자회사로서 이 회사가 이렇게 성장한 배경에는 브라질로 최근 해외 투자자본이 들어오는 속도가 나면서 더욱 그렇다.

브라질은 커피와 철광석의 생산에서 앞서가는 나라다. 아마도 수년이 지나면 경제 부문에서 상당히 선도하는 나라가 될 것이다. 이 나라는 1억 9천만여 명이 넘는 인구를 가진 자원 부국이다.

BGX는 이제 착한 직장의 반열에 들어설 것이다. 회사 경영정책이 바뀌고 자원분야의 일들이 상당히 중요해지면서 이런 상황이 전개될 것이다. 2014년 브라질 월드컵, 2년 후인 2016년에는 브라질 올림픽 유치를 이뤄낸 룰라 대통령의 외교력은 이제 브라질에

보다 많은 순수 해외 자본투자의 물결을 가져오게 될 것이다.

이제 채무국에서 채권국이 된 브라질에서는 직장환경은 앞으로 긍정적인 방향성을 유지하게 될 것이다. 이처럼 한 직장이 착한 직장의 성향을 유지하려면 그 나라의 재정 구조가 좋을수록 유리하다. 자기 본국의 재정 구조가 취약하면 본사를 둔 나라의 기업들이 이런 부채로 인하여 신용 등급이 하강할 것이라서 이런 점에 신경을 기울여야 한다.

CHAPTER 03

나쁜 직장, 좋은 직장, 그리고 착한 직장 적응을 위한 몇 가지 팁

1 착한 직장을 위한 지혜
2 좋은 직장을 위한 지혜

1

착한 직장을 위한 지혜

착한 직장으로 가는 것은 생각보다 행복한 일이다. 그렇다고 아무나 착한 직장으로 가는 것은 아니다.

국제기구 채용 흐름을 보면서 국제기구라는 착한 직장에 가려면 스스로 글로벌에 적응할 준비를 하는 것이 합당하다. 국제기구에서 일하려면 스스로 글로벌 직업 역량을 갖추어둘 필요는 있는 것이다.

지난 우리의 역사 속으로 들어가 보자.

1948년, 유엔은 한국 정부를 승인한다. 유엔은 착한 직장이다. 이런 유엔에 한국이 가입한 것은 일본으로부터 해방 후 3년만의 일이다.

신생국가인 한국은 이렇게 지구촌에 독립국가로서 이름을 올린다. 그 후로 한국은 유엔과 유엔 산하기구 등 국제기구의 도움을 받으면서 보낸다. 이제는 한국인들도 유엔을 직장으로 생각하고 진출을 하는 중이다. 준비하는 한국청소년들도 많다. 이런 상황은 이제 한국인들이 유엔에서 한국청년들이 일하는 것을 자연스럽게 받아들이게 하는 중이다. 유엔은 평화를 위해서 일하는 착한 직장이다. 그래서 한국청년들은 더욱 유엔의 직원이 되는 것을 희망하는 지도 모른다.

한국은 1960년대 초반 국가경제 부흥계획을 세워서 자립 경제 재건에 나서고, 드디어 1991년 되서야 한국은 다른 나라를 무상으로 돕는 국가기구를 만들어서 지구촌 다른 나라에 무상 지원, 태권도단 파견, 최근엔 IT 기술 등을 지원하는 나라로 성장을 한 것이다.

경제국가로 큰 한국의 국력은 인재들을 지구촌의 국제기구에서 채용해서 일을 시켜도 될 만큼 우수하게 성장하게 한다. 한국인 특유의 교육열이 가져온 성취이다. 국제기구 종사 외국인들은 이제 국제기구에서 복잡한 글로벌 프로젝트를 한국의 청년들이 다른 선진국 청년에 못지않게 가장 잘 다루는 민족구성원이라는 것을 안다.

그래서 2009년 10월에 OECD, 세계은행, 국제통화기금(IMF) 등에서 채용 전문인들이 한국을 방문한다. 이들은 국제기구의 채용 플랜을 한국인들을 대상으로 작동시킬 것을 공표한다. 2009년 10월 말에 한국의 연세대학교에서 이들이 이런 채용과정을 설명한다.

한 차례 더 지방대학에서 이런 플랜은 설명한다. 유엔 산하기관은 아마도 착한 직장으로서의 브랜드 가치를 지속적으로 고양하게 될 것이다. 유엔 산하기관으로서의 역할을 유지하는 한 이런 추세는 지속될 것이다.

이들이 한국인들을 자기들의 국제기구 직원들로 채용하려는 플랜은 우리나라가 아직 유엔 미승인국으로 방황하던 세월의 상황을 보면 격세지감(隔世之感)이라는 생각이 든다.

"한국 참 많이 컷군" 그들은 해방 후 미승인국가에 머물던 우리의 당시 상황을 생각하면서 그럴지도 모른다. 한국인들은 근면, 자조하면서 인고(忍苦)의 세월 속에서 노력을 하여 온 민족이다.

2009년 가을 일본의 가전 회사 9개의 순이익이 최근에 한국의 삼성전자의 순이익의 절반에도 못 미친다는 통계를 보면서 한국 민족의 우수성을 객관적으로 보게 된다. 하지만 방심하지는 말자. 중국, 인도가 한국의 우수 산업 분야와 경쟁하기 위해서 불굴의 의지로 달려오는 소리를 경청하자.

아울러 인재 진출의 국수주의(國粹主義)로 한국 젊은이들이 한국 노동시장에만 진출하게 하는 것 보다는 유엔, 유엔 산하기구, 다른 나라의 전문직 직업시장에도 취업이 가능하게 취업 외교를 펼칠 찬스는 없는지, 정책평가를 해보자.

우리의 청소년들이 **국제공무원**의 길을 가는데 필요한 제도로서의 "JPO(Junior Professional Officer)" 그리고 세계은행(World Bank)과 같은 국제금융기구 등에 진출하는데 필요한 "YPP (Young Profession Program)" 등에 대한 정보를 열심히 알아보아야 한다. 이런 프로그램을 알아두면 착한 일을 하는 국제조직에 입사해서 일하는 것이 가능할 것이다. 미리 착한 직장을 자기 커리어로 정한 사람들은 이런 정보를 알고 이런 프로그램에 들어가는데 필요한 준비를 해두는 것이 좋을 것이다.

이런 제도를 파악하여 국제기구에 진출할 준비를 위한 충분한 노력을 기울여 가자. 예를 든 이런 두 가지 제도 등을 통해서 선발되면 일정기간 후 국제기구, 세계은행 같은 직장에 취업이 가능하다는 것을 인식하게 함으로써 한국 청년들이 국제기구에 보다 많이 진출하는 그런 고용환경에 놓이게 정책 집중을 할 필요가 있다.

인생을 바꾸는 길에는 여러 아이디어가 존재한다. 그 중에 하나는 **국제공무원**이 되어 각국을 여행하면서 인생을 만들어가는 것이다. 이런 방식의 인생 만들기는 좋은 기회를 제공하게 될지도 모른다.

새로운 인생의 풍경들을 만나면서 인생을 채워가는 시간을 가질 것이기에 그렇다.

01 자기 역량 갖추기에 집중하되, 타인에게 작은 손해나 불편도 주지 말라

착한 직장에서 성공하는 직업인이 되는 길은 다른 이들에게 손해나 불편을 주지 않는 태도가 필요하다. 이들은 착한 직장으로 가는 경우가 많다. 스포츠 전문회사에 소속되어 일하는 선수들이 많다. 제라드는 리버풀에 속해서 일하는 축구선수다. 이 팀은 영국에 명문 구단으로 착한 직장이다. 착한 직장은 돈만을 많이 버는데 치중해서 비즈니스를 하는 것보다는 축구팬 등, 자기의 팬들과 소비자들에게 착한 즐거움을 제공하는 기업이다. 스포츠 구단에는 이런 착한 직장이 많다. 리버풀도 바로 그런 직장인 셈이다.

적어도 영국의 프리미어리그에 소속되어 직업으로서 축구를 하고 싶어 하는 착한 직장인들에게는 착한 직장으로서 리버풀을 이야기하고 싶다. 제라드, 토레스 같은 선수를 보유해서만도 아니다. 내적으로 상당히 팬들과 스포츠 스타들에게 잘하는 시스템을 갖고 있기에 더욱 그렇다.

김연아는 스스로를 절제하면서 자기 직업능력 연마를 한다. 자기의 자만(自慢)과의 투쟁을 통해서 그녀는 착한 직장에 진출할 조건을 갖추고, 최고 역량의 선수가 올림픽에서는 금메달을 못 딴다는 징크스와 압박감을 이겨내고 밴쿠버에서 우승한다. 금메달리스트 김연아의 직업 진로에 대하여 말이다. 몇 년간 각종 연기(演技)에 도전해서 연기자가 될 것이라는 소문에서부터, 텔레비전 앵커로 뉴스를 진행할 것이라는 커리어 코스에 이르기까지 다양하다. 그도 그럴 것이 앵커면 앵커, 연예 프로면 연예 프로그램 등에서 다재다능한 자질을 김연아가 보이기에 더욱 그렇다.

김연아는 이제 자신만의 브랜드가 아니다. 이미지 시대 속에서 한편에서 대한민국을 상징하는 브랜드가 되어 버렸다. 힐러리 클린턴 미국 국무장관이 언급한대로 '김연아는 글로벌 커리어 카리스마'를 지닌 인물이 된 것이다.

김연아가 받는 높은 평가는 '자기의 지난 성공과의 투쟁에서 자만하지 않고 스스로를 이긴 것' 때문이다. 김연아 선수가 기록한 228.56점이라는 밴쿠버 올림픽의 피겨스케이팅 금메달 기록을 다른 선수들이 당분간 추월하기는 쉽지 않을 것이다.

삶의 불확실성과 여러 고통을 이겨 내려는 이들에게 김연아가 보인 다양한 역경을 이겨내서 마침내 이룬 금메달은 이제 많은 세계인들에게 희망이고, 자라나는 한국의 청소년들에게는 하나의 꿈의 표징이 된 터여서 그녀의 앞으로의 직업진로는 상당히 중요한 의미를 지닌 것으로 평가한다. 김연아를 위한 미래커리어 디자인을 향한 제언 몇 가지를 덧붙이고자 한다.

첫째로 김연아는 다시 4년 후 러시아의 소치 동계올림픽을 위한 준비를 시작하는 커리어 목표가 필요하다. 자기의 기록에 다시 도전해서 새로운 기록을 향한 커리어적인 대장정을 시작하기 바란다. 이런 과정은 인생에서 미들 커리어middle Career로서 충분한 가치가 존재한다고 본다. 소치에서 4년 후 다시 신기록으로 금메달을 걸게 된다면 김연아는 자신의 직업적인 성공은 물론, 대한민국의 이미지는 상당히 올라갈 것으로 본다.

둘째, 학부를 졸업한 후 체육교육학 석사, 박사 과정을 공부하면서 피겨스케이팅 선수로서의 경험을 후배 피겨스케이팅 선수 코치로서, 필요하면 미래에 학문적으로 집대성하는 그런 일에서 커리어적인 성취를 추구하는 편이 좋을 것이다. 김연아가 경험한 것은 다양하다. 세계 대회 몇 부분에서 지금까지 김연아선수가 우승을 해서, 다른 피겨스케이팅 선수들이 이루지 못한 그랜드 슬램을 이미 달성한 업적에서 보듯이 그녀의 커리어는 피겨스케이팅과 같이 하는 순간에 성취한 직업적인 업적이 빛을 발하게 되어 있는 것이다.

커리어적인 유혹이 많을 것이다. 김연아의 인기를 보고 방송 앵커, 연기자 등의 제의를 하는 경우도 있을 것이다. 그렇지만 방송 앵커, 연예인으로의 커리어 선택은 삼가는 것이 좋겠다. 차라리 그것보다는 피겨스케이팅 선수로서 자주 방송에 출연하면서 자기의 꿈을 구현하기 위해서 어린시절 해외 대회 참가비가 부족해서 고생한 것들, 심리적인 부담을 이겨 내려는 과정에서의 노력한 과정을 보여주는 수준에서 방송을 하는 것이 차라리 자기 직업적인 커리어에서 롱런Long Run의 가능성을 높인다고 할 수 있을 것이다. 100년 된 우리나라의 피겨 스케이팅 역사 속에서 김연아가 석사, 박사과정에서 더욱 피겨스케이팅을 연구하고 다듬어야 할 커리어적인 숙제들은 많다. 1위 빙상국가로의 도약에 김연아의 경험과 연구가 필요할지도 모른다. 아울러 김연아의 인기는 자기가 가장 잘하는 피겨스케이팅과 관련되어 있을 때 최고조를 유지하게 된다는 것을 기억하기 바란다. 김연아가 속한 착한 직장의 이미지를 키워가면서 글로벌 직업시장에서 자기 고유의 커리어Career빛깔을 유지하라.

자기가 가장 잘하는 직업에 집중하지 않고 다른 코스로 자기 커리어를 선택한 많은 직업인들은 그곳에서 자기 인기를 유지하지도, 직업적인 발전을 이뤄내지도 못한 경우를 보게 된다. 역시 다원적인 자질이 필요한 세상이기는 하지만 성공하려면 가장 잘하는 분야에 대한 집중적인 노력이 경주(競走)되어야 하는 것을 기억하기 바란다.

의로움과 이로움의 강변에서는 항상 의로움을 먼저 생각해야 한다. 의로움을 생각하지 않으면 나쁜 직장에 갈수도 있다. 좋은 직장은 이런 경우에 의로움을 먼저 생각하는 인재를 원한다는 것을 기억하기 바란다.

인생길에서 누가 이로움을 보거든 의로움을 생각하라. 맞는 말이다. 이로움은 숫자로 대개 표현이 가능하다. 그러나 모든 것이 그런 것은 아니다.

이로움을 찾아서 일하고 싶은 욕망이 강하다면 **공인회계사**라는 직업에 대한 흥미를 키울 필요가 있는 것이다. 재정, 회계학, 감사론, 재화론, 경제학 등을 공부하면 도움이 될 것이다.

이로움을 숫자로 표현하는 직업, 이로움에 대한 계상을 주로 하는 일을 하는 직업으로서 **공인회계사**는 항상 문제를 잘 찾아내는 문제 발견력이 요구된다. 이들은 회계 장부가 잘 작성이 되었는지를 점검하는 일을 한다. 이것만 하는 것은 물론 아니다. 이들 **공인회계사**들의 하는 일은 다양하다.

회계감사 업무도 **공인회계사**의 일, 그것이다. 회계사들은 지난해의 회계장부가 맞는가를 이들은 감시한다. 감사라는 그런 직무 범위에서 일하는 것이다. 착한 기업은 정확한 데이터를 예시하는 조직이다.

정보시스템감사사(CISA) 자격증을 취득하는 것이 이런 분야에서 일하는 데 적합하다. 물론 한국 공인회계사 자격증을 취득하면 금상첨화(錦上添花)이긴 하지만 말이다.

회계에서 일하면서 세금문제에 대한 지식을 가져야 일하는데 도움이 된다. 흔히 공인회계사만 취득하면 되지 않느냐고 묻곤 한다. 하지만 담세비중이 높은 한국에서는 세금을 공인회계사들이 알아야 한다. 국세와 지방세의 특징과 세목별 특징, 절세 방법을 알아야 한다.

이로움의 이면에 존재하는 것을 의로움의 시각으로 바라보면서 **공인회계사**들은 자격증으로 일하는 것이 좋다. 남의 기업의 회계 시스템을 전반적으로 컨설팅 해주는 일을 하는 공인회계사들은 더욱더 이로움을 보는 순간 의로움을 생각하면서 일하는 것이 좋다는 말이다.

만약 이로움을 보고 나서 의로움을 전혀 생각하지 않고 돈만을 추구하는 경향세를 보인다면 회계에서 문제가 파생할 수도 있다.

작은 이익을 위해서 회계상의 문제를 눈감아 주는 공인회계사는 엄격히 규제하는 것이 좋다. 정직한 회계 장부를 보고 투자자들은 회사 장부만 보고 투자를 하는 경우가 많은 바, 이런 점을 생각해서 **공인회계사**는 일정한 신의, 성실의 의무가 직무수행 중에 파생되는 직업인 것이다.

일반회계, 특수회계, 재정학, 감사 등을 학습하면 **미국공인회계사** 자격증을 취득하는데 유리하다. 한국 공인회계사 자격증만이 아니라 **미국공인회계사** 자격증도 같이 취득하는 구상을 하면 일터에서 보다 경쟁력을 가진 개인으로 성장하는 토양이 될 것이다.

의로운 마음에 기반을 두어 회계 업무를 하면 회사는 좋다. 최근에는 각 회사의 경영자들 중에는 회계 분야의 전문가들이 많아졌다. 기업의 혈맥인 재무 상황이 보다 중요시되는 금융자본주의의 물결이 강해지면 나타나는 현상인 것이다.

공인회계사가 되면 기업의 회계팀의 팀장을 하거나, 기업의 회계 재무 담당으로 직업을 시작할 수도 있을 것이다. 물론 몇 개월간의 회계사 수습기간을 거치는 것이 **한국공인회계사**의 진로 앞에 놓인 프로그램이다. 문제는 이런 프로그램에서 경쟁력을 극대화하는데 어느 분야와 자기가 가장 적합한지를 검토할 가치는 있다고 본다.

02 장인정신과 항상 청렴한 생각을 유지하라

직장은 자기가 하기 나름이다.

세밀하고 숫자 감각이 좋은 적성을 지닌 인재가 재무 분야에 점수를 잘 유지한다고 합시다. 이들이 특히 회계학, 수학과 경제학에서 뛰어나다면 공인회계사를 직업으로 추천해도 문제는 없을 것이다. 재정적인 문제를 다뤄본 그런 경험을 가진 이들은 일을 하면서 이익이 생기면 의로움을 먼저 생각하기는 쉽지 않을지도 모른다고 말한다. 그렇지만 항상 청렴한 생각을 행하면서 직무를 해야 하는 직업이 회계사라고 할 것이다.

모노 즈쿠리 정신이 요구되는 시대가 온다. 이런 시대에 착한 직장에 가려면 적어도 모노 즈쿠리 정신을 함양하는 것이 필요한 일이다. 이런 직업 정신을 갖지 못하면 당신에게 나쁜 직장이 기다린다는 것을 기억해야 한다.

일본 제조업 제품의 품질이 가장 좋다는 칭송(稱訟)이 입소문으로 퍼지던 1980년대 초반의 이야기다.

당시 자동차, 전자 산업 등에서 '일본의 모노 즈쿠리로 미국 시장을 점령한다'는 표현을 하면서, 일본인 특유의 직업정신으로서 모노 즈쿠리를 자랑하곤 했다.

철저한 장인 정신으로 일한다는 의미의 '모노 즈쿠리'는 일본인들의 직업 현장에서 품질 제일주의로 구현되면서 철저히 적용된 직업철학이기도 했다.

1980년대 시절에 만든 일본제품들 상당수는 시장에서 한국제품들을 누르고 각국의 매장 판매에서 거의 선두를 차지한다. 이에 위축된 한국 제품판매대는 일본 제조업제품이 중심부에 위치한 것을 부러워하면서 주변부에 겨우 한 칸을 차지하고 진열되곤 했다.

세계 1등을 하던 한국 제품이 거의 없던 시절, 일본의 도요타자동차, 도시바, 소니 등은 미국이나 독일 제품들보다 견고하고 잘 만들어진 제품이라는 평가를 받으면서 항상 중심적인 위치에서 마케팅이 이뤄지곤 했다.

아시아 여행을 한다고 하면 유럽인들은 의례 일본에 언제 가느냐고 질문 받곤 했던 시절이다. 한국에 가는 것은 극히 예외적인 아시아 여행 기착지로 생각되던 시절의 이야기다. 그도 그렇게 할 수밖에 없던 것이 80년대 당시 한국의 반도체산업, 전자, 자동차는 우물 안에서 맴돌던 시절의 이야기라서 그랬다.

그러던 것이 1988년 서울올림픽을 터닝 포인트로 정하고 달리는 기차처럼 그 시점을 기회로 해서 글로벌 시장에 도전장을 내기 시작한다. 한국의 메모리 반도체가 글로벌 시장에서 뜨고, 다시 전자, 자동차, 선박, 철강이 1등 품질의 제품으로 뜨기 시작한다.

1990년대 말에 일본은 상당한 경계심을 보이면서도 점차 한국 시장에 밀리기 시작한 것이다. 이런 저런 과정을 거쳐서 한국은 전자제품 시장에서 유럽을, 자동차 시장에서 일본 제품들과 경쟁하면서 미국을 제대로 공략한다.

불과 몇 년 사이에 한국인들은 나름의 장인정신을 드러내자, 한국 제품도 믿을 만하다는 입소문이 미국, 유럽, 중국 소비자들 사이에 퍼진다.

강력한 모노 즈쿠리 정신으로 무장해 있던 일본은 1991년 부동산 시장의 붕괴로 이어진 헤이세이 불황 이후, 품질 우선 정책보다는 지나친 원가절감 정책에 치중한다. 그래서 일부 제조업에서 모노 즈쿠리 장인정신보다는 눈앞의 이익에 급급한 일본임을 드러내기 시작한다.

그 중의 하나가 최근의 일본 도요타자동차 사태로 나타난다. 미국은 미국에서 주로 파생된 도요타 사태를 보자마자, 미국의 자동차 산업이 몰락하던 지난 시절의 풍경(風景)을 연상하면서 일본의 도요타자동차를 들여다보는 것 같다.

일본의 직업현장에서의 모노 즈쿠리가 쇠락한 공간에 무엇이 자라는가를 보는 것 같이 말이다. 이제 각국의 일본제품 소비자들은 글로벌 동시 불황이 밀려온 지금, 이제 제조업에서의 일본의 쇠락한 장인 정신을 알게 된다.

모든 것이 물질로 이뤄지는 것 같은 자본주의 같지만 그 속에는 정신이 들어 있었던 것이다. 그래서 모노 즈쿠리 정신이 희미해지면 그 나라의 제품 경쟁력을 유지하기 힘들다는 진리를 인류는 이제 체험한 것이다.

각국 소비자들이 일본의 2010년 도요타 사태를 보면서 자본주의의 경쟁력은 결국은 장인 정신인 모노 즈쿠리에 달린 일이라는 진리를 알게 된 것은 소득이라면 소득인가?

국가기술 자격정책의 개방적 시야를 가져야 한다. 그래야 좋은 직장에 진출할 수 있다. 좋은 직장에서 일하는 길은 국제 자격증에 관심을 갖는데서 시작될 수 있다.

우리나라 국가기술 자격증에 대한 정책 변화가 진행되는 중이다. 2010년 2월 17일 국가기술 자격정책 심의위원회가 열린바 있다. 이를 통해서 앞으로 우리나라의 국가기술 자격제도 개편을 추구한다고 한다.

국가 일자리 창출과 노동정책의 핵심 중의 하나인 국가기술 자격제도의 정책 변화가 진행되는 지금, 몇 가지 정책 제언을 하고 싶다.

먼저 국가기술 자격증 제도는 그 나라의 기술수준을 측량하는 것이므로 그 의미가 크다. 아울러 직업을 구하려는 이들에게는 이런 자격 제도에 주는 임팩트가 강하다는 것을 인식하고 새 국가기술 자격증 제도에 접근해야 할 것이다.

첫째, 556여 개의 국가기술 자격 중에는 오래된 제도로서 이미 시장에서 효용성이 쇠락한 것도 있고, 새롭게 국가기술 자격에 포함되어야 하는 것들도 많다. 이런 흐름을 반영해야 할 것이다. 초고층 설계전문가 자격증, 화재조사원 자격증, 희귀질병 신약개발자 자격증, 기상감정사 자격증, 보석감정사 자격증, 바닷물을 이용한 발전을 하는 기술자인 조력발전 기술기사 자격증 같은 효용성이 큰 자격증을 포함하는 것도 좋을 것이다.

둘째, 이번 자격증 제도 개편에서는 외국에서 활용이 가능한 자격증 체계를 만들기 위한 노력을 더 기울여야 한다. 이런 노력을 통해서 한국인이 국가기술 자격증을 취득하면 다른 나라에 가서도 이 자격증으로 직업을 가질 수 있는 길을 모색해야 할 것이다.

이를테면 반도체 설계관련 자격증을 제도화한다면 이 자격증 시험을 보는 이들에게는 자격 취득단계에서 기술 중국어 테스트를 자격증 시험과목에 넣는다면 좋을 것이다. 이렇게 해서 취득한 반도체설계 자격증을 갖고 대만이나, 중국 본토의 반도체 회사에 지원하는 경우, 취업에 성공하는 가능성이 그만큼 향상 될 수 있을 것이다.

셋째, 자격증의 글로벌화를 추구하여 이를 국가기술 자격증의 범위에서 다뤄가게 하는 것이 좋다. 외국인도 자국어로 우리나라에서 우리나라 국가기술 자격증을 취득하는 기회를 열어주는 방향으로 국가기술 자격증 제도를 재편해야 한다.

우리나라에 사는 외국인이 100만여 명을 넘어선지 오래다. 외국인 근로자들이 중소기업에서 국가기술 자격증을 보유하고 취업한다면 외국인 본인은 물론 우리나라 중소 제조기업의 생산성에도 크게 도움이 될 것이다.

일본은 건강, 안전, 공공복리(公共福利) 외의 자격증은 민간자격증화하여 회사에서 자격증제도를 현장에서 시험 보게 하여 민간자격증의 종류를 확대하고 있다. 이런 정책은 현장성이 높은 자격증을 활성화하는데 도움이 되는 바가 크다.

우리나라도 국가기술 자격증 중에서 민간기관이 주관해야 하는 기술자격증은 민간 전문기관에서 다루게 하여 문호를 개방해가는 노력을 경주해 가야 할 것이다.

돈이 있으면 이 세상에서는 많은 일을 할 수 있다.
그러나 청춘을 돈으로 살 수 없다.
다이문트

모든 것은 젊었을 때 구해야 한다. 젊음은
그 자체가 하나의 빛이다.
빛이 흐려지기 전에 열심히 구해야 한다.
젊은 시절에 열심히 찾고 구한 사람은
늙어서 풍성하다.
괴테

술에 취한 사람이 자기는 똑바로 가고 있다고
생각하는 것처럼 젊은이는 자기를 영리하다고
생각하기 쉽다.
체스터 필드

2

좋은 직장을 위한 지혜

좋은 직장에의 적응을 위해서는 어깨에 들어간 힘을 스스로 부드럽게 만들어야 한다. 이를 위해서는 애플형 인재를 지향함이 좋다.

01 애플형 인재로 변하기

애플형 인재가 되어야 좋은 직장을 찾아갈 수 있는 가능성이 커질 것이다. 애플형 인재가 되기를 소홀히 하면 나쁜 직장이 당신을 기다릴지도 모른다. 그렇다면 애플형 인재란 무슨 성향을 지닌 인재인가. 이런 인재가 되기 위한 필요, 충분조건에 대한 담론(談論)이 다양한 직장 내에서 회자(膾炙)되어 진행 중이란다. 글로벌 IT 기업 애플사에서 일하는 직장인들처럼 자기 직업에서 혁신(革

新)을 지향하는 성향이 강한 인재를 애플형 인재라고 하면서 말이다.

이런 애플형 인재가 된다는 것은 생각만큼 간단한 일은 아니다. 지속적인 혁신을 하면서 일하기에는 조직의 관례, 해온 일의 지난 방식 등에 대한 미련들이 강한 직장이 한국에는 참 많다고 한다. 일하는 방식에 대하여 경직된 곳들이 생각보다 많기에 그렇다고 한다.

최근 아이패드(IPAD), 아이폰이 등장하면서 애플은 시장에서 제대로 된 제품 포지션을 갖고 고수익을 하나 둘 창출하는 중이다. 이런 수익창출의 추동력은 한마디로 애플형 인재들의 직무과정상의 혁신(革新)이 중심에 존재해서 가능한 열매로 다가온 것이리라.

지난날의 관습에 젖어서 자기 직업에서 창의적인 도발을 하지 못하는 직장인들은 존재감이 사라지는 환경이 직업 시장 내부에서 등장하게 되는 것이 현재의 상황으로 전개될 것이다.

애플형 인재가 되는 필요, 충분조건은 무엇인가?

첫째 직무에서 기존의 생각의 틀을 바꿔, 생각 네트워크를 모으는 채널을 광역화해야 한다. 시공간을 초월해서 비즈니스 파트너를 만드는 것이 아이폰으로 가능해진 것을 기억하면서 비즈니스 파트너를 광역화하는 작업을 시작해야 한다.

여기에는 치열한 경쟁이 직업 내부에서 작동하게 될 것이다. 이전에 모든 것을 움켜쥐고 자기회사만 성공하는 주의로 가던 것을 이제는 줄 것은 주고 풀 것은 풀고 개방하면서 비즈니스파트너 회사도 같이 비즈니스가 성공하게 돕는 구조를 선택하는 인재가 애플형 인재다.

자기가 지닌 유통 경로를 다른 아이템들이 이용하게 하는 그런 비즈니스의 광역화 의식과 실행이 필요하다. 게임도 하면서 바이어를 만나고, 영화를 보면서 대화를 하고 인터넷 상에서 저널을 본다. 자기가 만든 자기 컨텐츠를 보게 하면서 네트워크를 광역화(廣域化)하는 결단을 통해서 새로운 생각을 개방적으로 받아들이면서 자기 생각의 틀로 자기와 타인의 직업에 임하는 인재가 되어야 애플형인재로 잉태될 수 있는 것이다.

둘째 자기가 가장 흥미를 지닌 신시장을 새롭게 개척하는 것이 일상화된 인재가 애플형 인재이다. 이번 애플의 도전은 바로 남이 간 길을 간 것이 아니라, 스스로 신시장을 과감히 개발해서 이룬 업적인 것이다. 신시장(新市場)을 아이디어 하나로 만들어지는 것이다. 남이 만들지 못하는 컨텐츠를 만드는 일은 현장과 과거의 지적 토양이 풍부해야 가능한 것이다. 자기 직업연관 지식영토를 확보하고 거기에 씨앗을 심고 가꿔가야 한다. 그래야 시장을 새롭게 개척할 찬스를 잉태할 수 있을 것이다.

셋째, 애플형 인재는 속도싸움에서 이기는 인재이다. 광속으로 도전하는 인재가 시장에서 메인 리그선수가 되는 시대가 온 것이다. 아무리 좋은 상품과 용역도 시장에 내놓는 시간경쟁에서 뒤지면 소용이 없는 그런 전형을 이번에 애플의 직원들이 보여준 것이다. 앞으로는 시장에서 조금이라도 속도감을 보이면서 선점하는 파워를 지닌 인재들이 애플형 인재가 되는 길로 통한다.

우리 속담에 '구슬이 서 말이라도 꿰어야 보배다'는 말이 있다. 구슬을 제대로 꿰지 못하거나, 느리게 반응해서 시간싸움에서 지면 그 상품과 용역을 팔 길은 없는 것이다.

애플형 인재는 혁신을 통한 신시장에의 접근을 하면서 전진한다. 아울러 새로운 개념의 재화와 용역을 만들어서 시장에 한발 빠르게 출시하는 기민성을 지닌 인재이다. 이런 인재들이 모이는 곳은 번창하고 경쟁에서 승리하는 그런 직장이 될 것이다.

애플형 인재는 스마트폰을 적절히 이용하면서 이를 직무에서 활용하는 첨단기기 이용 마니아들이다. 그들은 자기 스마트 폰을 열어서 새벽에 뉴욕 주립대학의 저명한 마케팅학 교수의 강의를 한국에서 들으면서 하루를 시작한다. 재충전의 일상화를 통해서 이들은 스스로 지식직업인이 되는 것이다. 강의에서 들은 내용을 낮에 직장에서 그대로 적용하면서 시행착오를 경험하기를 즐기는 모험 세대이다. 모험심(冒險心)이 없다면 애플형 인재되기를 갈망(渴望)하지 않는 것이 오히려 적절한 처신이라는 생각이 든다.

02 욕심 절제형인재로 거듭나기

욕심을 절제하지 않고는 좋은 기업에서는 성공이 힘들어진다. 영국의 로펌들은 좋은 직장으로 거듭나는 모습을 보일 것이다. 2008년의 금융 위기를 경험한 영국, 미국의 상황은 앞으로 개선되면서 영국 로펌들도 달라질 것이다. 이를테면 에너지 연관 전문변호사를 하려면 영국의 로펌들에 이력서를 제출하는 것이 바람직한 세상이 될 것이다.

영국은 에너지 법률이 발달한 나라다. 산업혁명을 거치면서 영국의 에너지 법률은 오랜 발전의 노하우를 축적(蓄積)한 것이다.

에너지관련 법률적용의 판례도 영국 법률시장에서 강하게 나타난다. 에너지 연관 로펌들의 비즈니스 평가도 영국의 로펌에서 높게 나타나는 중이다.

하여튼 이런 흐름을 타고서 에너지 분쟁이 파생하면 각국은 영국 에너지법을 더 잘 아는 변호사와 일하기를 갈망한다. 에너지는 이제 하나의 주요한 국제 파워의 원천이고 에너지 확보문제는 국가발전의 존망이 걸린 문제인 셈이다.

에너지가 중요한 세상이다. 문명을 발달하게 하는데 에너지는 필수요소라서 더욱 그렇다. 에너지를 얻기 위해서 각국은 경제외교를 상당히 치열하게 전개한다.

이러는 과정에서 국제변호사들의 활동영역은 커지는 중이다. 그런데 과연 이들 에너지 협상과정에서 일하는 에너지 전문 변호사들은 어느 나라에서 일하는 것이 좋은가.

에너지 연관 변호의 일의 초기에는 영국에서 시작하는 것이 좋다. 국제 에너지 관련 법률이 발달한 나라가 영국이라서 그렇다. 영국만큼 에너지 비즈니스가 발달한 나라도 찾아보기 힘들다.

그것은 영국의 에너지 관련 법률체계가 잘되어 있으면서 오랜 전통을 지닌 역사성에 기인한다.

앞으로 에너지의 확보문제. 에너지를 둘러싼 국가 간 분쟁에서의 법률 계쟁건이 증가하면서 영국의 법률시장에서 **에너지 전문**

변호사들의 역할은 갈수록 커질 것이다.

나쁜 직장, 좋은 직장 그리고 착한 직장의 속내를 보았다. 앞으로 이 세유형의 직장은 2020년이 되면 새로운 직업 노동 여건에 놓이게 될 것이다. 이를 예측하면 다음과 같다.

2020년
한국 직업노동의 미래

세계 각국은 다극(多極)체제의 글로벌화가 이뤄진다. 글로벌 통화 전쟁 이후, 노동시장에서 달러의 힘은 약화되어 유로, 엔화, 위안화와 더불어 힘을 나눠 갖는 그런 경제 여건이 펼쳐지게 될 것이다.

한국은 남북 간에 화해의 기운이 무르익으면서, 남북 간의 인력(人力) 교류가 상당히 진전될 것이다. 다양한 삶의 메뉴판을 고르려는 취향이 강한 신세대가 2020년 한국 노동시장을 지배하는 시대가 될 것이다. 집단보다는 개인이 중요하다는 '개인 보스(Personal Boss)', 지향성이 높은 이들 지금의 10대들은 이를 잘 인식하면서 미래 한국의 노동 여건을 만들어갈 것이다.

이 시기에는 한국에 인터넷 정치체제가 더욱 긴밀하게 들어서서 작동을 하고, 기존 미디어 외에 한국 사람들은 인터넷 방송, 유튜브(Youtube) 등을 통해서 직업인 개인의 의견을 표현하는 자기표현의 활성화가 한국노동시장에서 이뤄질 것이다.

이런 배경(背景) 하에 전개될 한국의 앞날에 관한 '한국 직업노동 미래보고서'를 직업 노동여건, 직장, 직업으로 나눠서 전망한다. 이런 여건 속에서 나쁜 직장, 좋은 직장의 미래를 전개될 것이다.

직업노동여건(職業勞動與件)

모계(母系)노동의 여건이 약진(躍進)한다.

2020년이 되면 한국은 여성들이 보다 더 상위직위를 구성하는 직장이 약진한다. 이런 상황에서 여성상사와 같이 일해야 하는 남성들이 새로운 여성문화에 적응하는 기술을 익히면서 노동을 해야 할 것이다. 여성 지배의 직장이 많아지는 것이 한국의 모습이 될 것이다. 여성들은 특유의 감성적인 리더십으로 한국의 노동시장에서 더욱 약진하게 되어 모계가 지배하는 세상이 등장할 것이다.

워크홀릭(일중독)에 진입하는 노동자들이 많아지는 문제에 한국이 2020년경에 직면할 것이다.

이는 일과 인생의 균형감을 위한 노력을 노동자들이 더욱 심화되게 해야 하는 문제를 도출하게 될 것이다. 일 중독증을 가져온 것은 한국이 직면한 일자리 파생의 희귀성에 기인하게 될 것이다. 한국의 많은 제조업들은 더욱 임금이 저렴한 국가로 진출을 도모하려 할 것이기에 그렇다. 이들을 위한 교육 프로그램이 더욱 필요한 시기가 올 것이다.

민간기업 경력자의 관료 충원이 다소 나타날 것이다.

이는 이전에 보기 힘든 여건이다.

2020년경에 한국은 상당한 재정적자를 보일 것이다. 미국발 금융쇼크를 극복하는 과정에서 10여 년간 누적된 재정적자가 축적된 상황에 기인한다. 정부의 재정적자는 한국에서 신규로 경력 공무원을 소수 채용되는 흐름을 보일 개연성을 높여줄 것이다.

이민족(異民族) 차별금지 등 한국 노동시장에서의 이민족 노사문제에 직면하게 된다.

한국 내에서 이민족 인구의 비중이 20%를 넘어서면서 같은 오피스에서 다양한 민족들과 같이 노동해야 하는 환경을 맞이하게 될 것이다. 이는 이민족 노동여건을 만들어가야 하는 문제에 직면하게 될 것이다. 이민족 차별 금지법을 입안하고 이민족의 노동현장에서의 차별을 금지하는 노력과 시스템화를 도모해 가야 할 것이다.

일부 공무원들의 다른 직업으로의 전환 문제에 정책적으로 직면하게 될 것이다.

1990년 10월경에 통일을 한 독일이 직면한 문제의 복사판은 아니지만 비슷한 행태로 한국에서 전개될 가능성이 없다고 할 수 없을 것이다.

민족 통일을 향한 담론(談論)이 많아지는 등 세상이 변해 가면서 지금보다 적은 공무원으로 국가체제를 유지할 수 있는 노동여건이 등장할 것이므로 그렇다.

노동시장내의 소수의 왕따 현상은 심화된다.

경쟁이 치열하게 직장인 간에 전개되면서 만인의 만인에 대한 투쟁양상이 여러 노동여건에서 펼쳐질 것이다. 그것이 사회발전을 위해서 바람직하지 않다는 것을 모르지는 않지만 이런 만인에 대한 만인의 투쟁으로 볼만한 노동 여건이 한국에서 특히 심화될 것이다.

직장에서 서로 뒷 담화에 시달리는 그런 노동 여건은 이제 한국 사회가 '정(精) 중심의 사회에서 리(利) 중심의 사회'로 진입하게 됨을 시사하는 것이다.

고소득 노동여건과 저소득 노동여건이 확연히 구분되는 등 노동시장 양극화가 진행되어 문제를 더욱 복합적으로 만들어 갈 가능성이 높아진다.

지구촌은 원하든 원하지 않던 간에 한국에 새로운 행태의 하이퍼 인플레이션 세상이 등장한다.

그래서 고물가 속에서 시달리는 경제여건이 한국 노동시장에 다양한 임팩트를 제공하게 될 것이다. 2020년경에는 고소득 노동여건에 노출된 사람보다는 저소득 노동여건에 노출된 사람들이 정치적인 파워를 발휘하는 그런 여건이 펼쳐질 것이다. 소위 88만원 세대들이 네트워크 적으로 단결하는 흐름이 등장할 것이다.

연예인들의 불공정노동 계약현실은 개선되지 못할 것이다.

그것은 멀티미디어가 다양화되면서 스타들의 소수화가 진행되는 속도가 빨라질 개연성에 기인한다. 멀티미디어 이전 세기에는 스타덤에 오르면 스타가 직업 권력의 상당부분을 갖게 되었지만 멀티미디어 시대에서는 스타덤에 오르더라도 스타들이 힘을 갖는 그런 환경이 오기 힘들 것이다. 스타보다는 자본가들이 더욱 힘을 발휘하는 스타 연예 직업시장 여건이 전개될 것이라서 더욱 그렇다.

정책적으로 미국의 일자리 자국민 보호주의가 강해지면서 미국에서 한국인들이 전문직 일자리를 얻기는 노동 여건상 난망(難望)해 질 것이다.

버락 오바마 대통령의 취임 이후 일자리 자국민 보호주의는 더욱 강해진다. 더욱이 미국 국민의 일자리 영향평가가 노동시장에서 미국의 중요정책선택 기준으로 강화되어 나타나게 될 것이다. 이는 한국인이 한미자유무역협정 후 미국으로부터 얻으려고 기획하던 전문직 비자 쿼터를 확보하기에 어려움을 줄 것이다. 그만큼 가능성이 없지는 않지만, 이후 한국의 전문직의 미국 진출은 어려워진다는 것을 의미한다.

직장(職場)

수평화 된 조직을 지닌 직장이 많아질 것이다.

많은 직장들은 그들의 경영자를 제외하고는 수평(水平)조직으로 재편된다. 산업혁명 이래로 수직조직으로 구성되던 직장이 수평화되는 새로운 흐름에 직면하게 될 것이다. 수직화된 조직 구조를 지닌 직장은 성공하기 힘든 여건이 될 것이다. 물론 경찰, 군대 조직은 수직화를 그대로 유지하게 되겠지만 일반 이익을 창출하는 것을 목표로 하는 게젤샤프트형 직장 조직은 수평화 추세를 강하게 받을 것이다. 공기업의 소수화가 진전되면서 공기업도 수평화 조직을 서서히 갖게 될 것이다.

온라인 직장과 주 4일제 직장이 태동한다.

온라인 직장은 인터넷을 방문하면서 일을 시작한다. 온라인 증권 회사가 이런 유형의 회사이다. 이들은 직원들과 온라인으로 이야기한다. 직원들은 온라인에서 많은 의견을 노출한다. 온라인에서 많은 일을 한다. 온라인 직장은 구글 같은 직업 조직의 서비스를 활용하면서 그들의 비즈니스를 영위하는 행태를 유지할 공산이 크다.

많은 직장이 주 4일을 일하는 그런 세상이 온다. 이들은 적게 일하고 여가를 즐기려는 한국 직장인들의 수요를 반영하는 직장이 될 것이다.

경쟁을 하는 과정에서 심리적인 중압감을 호소하는 직원들의 상담을 전담하는 조직이 필요한 세상이 온다.

미래 직장에서는 다양하게 직장 심리치료 상황이 기업 최고 경영자에게 수시로 보고되는 주요 영역이 될 것이다.

미래의 직장은 경쟁의 과정에서 성공하는 직업인과 성공하지 못하는 직업인으로 극명하게 나눠질 개연성이 높다. 이런 과정에서 성공하는 직업인이 되기 위한 자기혁신이 보다 직장 내에서 치열하게 전개될 것이다. 하루의 업적, 한 달의 업적들이 온라인으로 통보되는 그런 환경을 많은 직업 조직인들이 맞이하게 될 것이다.

성공과 실패가 두드러지면서 같은 직장 내에서도 이질감이 작용하는 그런 환경이 등장할 것이다.

자기 직장의 특색을 드러내는 직장 문화를 만들어가려는 움직임이 증가할 것이다.

애완견은 직장에 데려와서 보살피면서 일하는 직장 등 개성을 지닌 직장 문화가 더욱 여러 가지로 생겨날 것이다. 신입에게 햇볕이 잘 드는 자리를 배정하는 일을 하는 직장도 나타날 것이다. 각 직장들은 윤리 경영시스템을 강화하면서 자기들만의 기업 문화를 구축하기 위한 투자를 지속할 것이다.

사회적 기업의 성장과 1인 직장의 다양화

고용 파생이 어려워지고, 빈부격차가 한국에서 더욱 심화되면서, 일자리를 위해서 밥을 파는 시스템을 만들어 운영하는 그런 사회적 기업이 직장시장에 많이 등장할 것이다. 이들은 이익을 추구하는 그런 직장에 취직하기 보다는 사회적 역할, 사회적 약자를 위해서 평생을 바쳐서 일하는 그런 직업관을 갖고서 사회적 일자리에서 일하게 될 것이다.

2020년이 되면 각종 기기의 발달로 인하여 1인 직장도 보다 여러 분야에서 등장할 것이다. 하지만 1인 직장의 성공률은 높지 않게 나타날 것이다. 1인 직장의 등장이란 이런 것이다.

이를테면 한 사람이 작곡을 하고 작사를 하면서 노래하는 그런 일인 회사가 음악 시장에서 기능하는 그런 세상이 온다는 것이다. 이런 일인 직장은 작은 규모의 제조업에서도 등장하고, 교육시장에서의 온라인 강의자들이 차지하게 될 직업 영역에서도 등장하게 될 것이다.

직업(職業)

자기 분야에서 특허 로열티를 받는 직업인이 증가한다.

연구 성과로 한국에서 로열티를 외국으로부터 받는 식물들이 증가하는 속도가 신속해 질 것이다. 한국에서 식물의 품종을 새롭게 만들어 내서 이를 국제 식물시장에서 특허를 내고, 이들이 로열티를 제공하는 그런 시대가 온다. 로열티를 받는 장미 개발자가 인기를 얻는 그런 세상이 온다.

식물 연구는 직장인의 수입구조를 다양화하게 될 것이다. 많은 직장들은 자기들의 상품을 회사 내에서 기획하게 하고 그것이 시장에서 성공하면 이익의 상당부분을 그 상품을 창안해서 제시한 직원들에게 나눠주는 창의적 자본주의를 실천하는 흐름을 유지하게 될 것이다.

평가형 직업이 인기를 얻는다.

전자 화폐의 일상화로 중앙은행원의 파워는 약해질 것이다. 하지만 금융규제 감독을 하는 직업인은 파워가 강해질 것이다. 이들은 평가하고 규제하는 일을 경제 환경에서 할 것이다.

중앙은행들은 정책을 결정하는 일에서 여전히 주도권을 갖지만 이전만큼 파워 있는 그런 곳은 아니다. 중앙은행원인 한국은행 뱅커의 인기가 이전만 못할 것이다. 경제 전문법관의 증가도 불을 보듯 뻔하다. 평가형 직업은 다양한 분야에서 나타나서 인기를 누릴 것이다. 기술심리 평가전문가, 환경영향 평가전문가, 상상력 평가전문가, 기술 평가전문가들이 인기를 끌 것이다.

고령자정책 전문 관료, 노인 치료의사, 고령자 국제결혼 커플매니저, 고령자 전문놀이 시설 기획가들의 수요가 커진다.

고령자 연애 컨설턴트가 인기를 얻는 세상이 다가온다. 고령자들은 로맨스를 드러내 놓고 즐기려는 경향을 고령화 세상 가운데서 선보이게 된다. 고령자들을 위한 애완용 장난감로봇이 시장에서 인기를 얻게 될 것이다. 고령자전문 결혼중개회사에서 일하는 커플매니저라는 직업이 고소득을 올리는 그런 직업 시장이 펼쳐질 것이다. 인구의 14% 이상이 65세를 넘어설 한국 사회에서 이런 직업의 인기가 올라 갈 것이다.

◎ 지식 직업의 과잉현상이 전문직의 소득수준을 하강하게 할 것이다.

변호사란 직업은 이제 한국 국내에 3만 명을 넘어선다 하여 한국 내의 다수의 변호사들이 오피스유지를 못해서 사건 브로커들을 채용해서 일하는 그런 상황에 놓일 것이다. 한미 FTA 등 각국과의 법률시장 개방으로 일부 외국의 법률 프로젝트 수행능력이 강한 변호사들은 높은 수입을 올리는 여건으로 이원화 되는 추세를 갖게 될 것이다. 의사 숫자가 인구 출산율에 비하여 많아지고, 일 년에 3천여 명 이상 배출되는 구조가 지속되는 한, 의사들의 수입구조도 마찬가지가 될 개연성이 높아진다. 그래서 이제 각국과 맺게 되는 자유 무역협정에서는 전문직 취업비자 쿼터를 확보하는 일이 국가정책 수요중 상위를 차지하게 될 것이다. 변호사, 의사들을 해외에 수출하는 구조를 필요로 하게 될 것이다.

◎ 국제기구에서 일하는 한국인들이 상당히 증가하게 될 것이다.

아시아인들의 자의식이 커지는 상황에서 2020년 경이 되면 한국의 젊은이들은 각종 국제기구인 유엔과 100여 개의 유엔 연관 기관, 국제연대 기구, 국제시민운동 단체, 430여 개의 유럽의 로비스트 직장 조직 등에서 일하는 것을 당연하게 생각하는 그런 추세를 보일 것이다. 이런 흐름은 일자리의 국경을 극복하려는 한국인들의 의지와 노력이 병행되면서 나타날 것이다.

로비스트형 직업인이 증가하게 된다.

저출산 고령화는 한국 직업시장에서 로비스트형 직업인을 양산하게 할 것이다. 이해가 대립되는 정책을 다루는데 자문을 하고 정책을 자신들에게 유리하게 정하여 영향력을 발휘하는 로비스트들의 약진이 2020년 경의 한국 직업시장에서 펼쳐질 것이다. 각 분야의 전문성을 갖춘 로비스트가 한국에 많아지는 세상이 전개될 것이다.

해외 자원기업과의 M&A 전문가들이 고용되는 비중이 올라갈 것이다.

이들은 한국의 자원개발과 유통을 위해서 노력할 것이다. 이라크 전쟁은 종료되고, 이라크 '아드 하브 유전' 같은 기업의 대형 지분의 인수합병을 한국기업과 맺게 해주는 역할을 하는 전문가들이 보다 역동적으로 등장할 것이다. 가스, 풍력 등 다양한 에너지원의 확보는 한국에서 주요 국가과제가 될 것이다.

김준성(金俊成) 연세대직업평론가

1980년대부터 "Career Design"에 대하여 연세대에서 강의 중
전국 대학 취업지도 협의회 부회장 역임
한국 미래직업 연구소 소장 역임
KBS-TV '이런 직업에 커리어 블루오션이 있다' 등의 주제로
MBC-TV '자녀의 진로지도 이렇게 하자' 등의 주제로 특강을 한 바 있다.

주요저서로는
"직업 빅뱅"
"10년 후 나의 직업"
"한번 뿐인 내 인생, 10대부터 준비한다"
"12세에 인생을 준비하라"
"청소년 직업여행으로 인생을 배우다"
"한미 FTA 후 직업의 미래"
등이 있다(nnguk@yonsei.ac.kr).

현대 직장의 본질과 속성을 분석한 책
나쁜 직장, 좋은 직장, 그리고 착한 직장

1판 1쇄 찍음 • 2010년 10월 20일
1판 1쇄 펴냄 • 2010년 10월 30일

저 자 • 김 준 성
발행인 • 정 현 걸
발 행 • 신 아 사
인 쇄 • 예지인쇄

출판등록 • 1956년 1월 5일 (제9-52호)
서울특별시 은평구 녹번동 28-36번지(2F)
전화 (02)382-6411 • 팩스 (02)382-6401
홈페이지 • www.shinasa.co.kr
E-mail • shinasa@chol.com

ISBN: 978-89-8396-701-5(03330)

정가 *10,000*원